读客三个圈经典文库

经典就读三个圈 导读解读样样全

The Problems of Philosophy

哲学有什么用？

[英国] 伯特兰·罗素 著 (1872—1970)

王凤丽 译

读客三个圈经典文库
经典就读三个圈　导读解读样样全

江苏凤凰文艺出版社
JIANGSU PHOENIX LITERATURE AND ART PUBLISHING

图书在版编目（CIP）数据

哲学有什么用？/（英）伯特兰·罗素
(Bertrand Russell) 著；王凤丽译. -- 南京：江苏凤
凰文艺出版社, 2023.11（2024.8重印）
（读客三个圈经典文库）
ISBN 978-7-5594-6950-2

Ⅰ.①哲… Ⅱ.①伯…②王… Ⅲ.①哲学-通俗读
物 Ⅳ.①B-49

中国国家版本馆CIP数据核字(2023)第171310号

哲学有什么用？

［英国］伯特兰·罗素 著　　王凤丽 译

责任编辑	丁小卉
特约编辑	张　宇　　李亚茹
封面设计	胡　艺
责任印制	刘　巍
出版发行	江苏凤凰文艺出版社
	南京市中央路165号，邮编：210009
网　　址	http://www.jswenyi.com
印　　刷	三河市龙大印装有限公司
开　　本	880毫米×1230毫米 1/32
印　　张	5.5
字　　数	120千字
版　　次	2023年11月第1版
印　　次	2024年8月第2次印刷
标准书号	ISBN 978-7-5594-6950-2
定　　价	29.90元

江苏凤凰文艺版图书凡印刷、装订错误，可向出版社调换，联系电话：010-87681002。

作者前言

由于单纯的否定批判看似不妥，因此在本书各章中，我仅讨论那些可以发表肯定性和建设性意见的主要问题。基于此，认识论占本书的篇幅要多于形而上学，一些已被哲学家们反复讨论过的话题——如果本书涉及此类话题，也会作简短处理。

穆尔（G. E. Moore）和凯恩斯（J. M. Keynes）尚未出版的作品给了我宝贵的帮助：在处理感觉材料与物质客体的关系方面得益于穆尔，而关于概率论和归纳法的知识则得益于凯恩斯。此外，吉尔伯特·墨莱（Gilbert Murray）教授给予的批评和建议，也令我获益匪浅。

目 录

第一章　现象与实在　　001

第二章　物质的存在　　011

第三章　物质的本性　　019

第四章　唯心主义　　027

第五章　亲知的知识和描述的知识　　035

第六章　论归纳法　　046

第七章　论我们关于普遍原则的知识　　054

第八章　先验知识何以可能　　063

第九章　共相的世界　　071

第十章　论我们关于共相的知识　　080

第十一章　论直观知识　　088

第十二章　真理和虚假　　094

第十三章　知识、错误和可能的观点　　104

第十四章	哲学知识的范围	112
第十五章	哲学的价值	121
参考书目		128

三个圈独家哲学手册

导　读	未经审验的生活不值得过	131
图文解读	我们是如何认识的	157
术语对照表		169

第一章

现象与实在

世界上是否有确凿无疑的知识,是任何有理性的人都不会质疑的呢?这一问题,初看不难,却是人们所能提出的最难回答的问题之一。当我们意识到寻求直接明了、肯定无疑的答案会困难重重时,我们已然开始了哲学研究——因为哲学原本即是尝试回答这类终极问题的,但哲学不会像我们在日常生活甚至科学中那般粗率武断或教条地回答问题,而是要探寻这些问题的所有令人费解之处,意识到隐藏于人们日常观念之下的隐晦模糊和混乱纷扰,然后再给出批判性的回答。

在日常生活中,我们以为一些事是确定无疑的,但近距离审视这些事,就会发现它们充满明显的矛盾,只有经过深思熟虑,我们才能知道该真正相信什么。在寻找确定性时,我们自然会从现有的经验出发,而且在某种意义上,知识正由这些经验生发而来。然而,直接经验又使我们意识到,关于任何事物的任何陈述都有可能是错误的。此时,我看似正坐在一把椅子上,旁边是一张有确定形状的桌子,我看见这张桌子上有些纸,纸上有写的或印的字。扭头望向窗外,能看到建筑、云朵和太阳。我相信,太阳距离地球大约为8700万英里[1];它是个炽热球体,比地球大许多倍;而且,由于地球自转,太阳每天早晨升起,并会在漫长无际的未来继续如此。我相信,如果有个普通人走进我的房间,他会和我一样,也看到这些椅子、桌子、书籍和纸张;而且我还相信,我所见到的桌子就是这张支撑着我胳膊的桌子。所有这一切如此显而易见,除非为了回应某个怀疑我是否具有感知能力的人,否则实在不值得陈述说明。然而,那种怀疑是合理的。在我们确信能够真实完整地陈述说明某事物之前,有必要多做一些讨论。

为能清楚地表明问题的困难之处,我们先把注意力集中到这张桌子上。在人的视觉中,它是长方形、棕色并带有光泽的;在人的触觉中,它是光滑、冰冷而坚硬的;当我敲它时,它会发出木质的声音。任何看到、摸到这张桌子和听到它被敲击出声音的人,都会同意这样的描述。到此我们没有遇到什么困难;但是,一旦想更精确地描述它,人们的困难就出现了。

尽管我相信这张桌子"实在地"是通体一色的,但桌面反光的部分看起来比其余部分明亮得多,而且由于光线反射之故,有些部分看上去是白色的。我还知道,如果我移动位置,桌面反光的部位还会有所不同,连桌面颜色分布也会有所改变。继而,如果有几人在同一时间观察同一张桌子,不会有任何两人看到完全相同的颜色分布,因为不存在两个人有完全一致的观察点,而观察点的任何变化都会造成反射光线的变化。

就大多数日常实用目的而言,这些差别是无关紧要的,但对画家来说,这些差别却极为重要:画家必须抛弃那种思维习惯,

---

[1] 英美制长度单位,1英里约等于1609米。——译者注(若无特别说明,本书注释均为译者注)

即认为事物具有的颜色就是常识中认为的"实在"的颜色,他必须掌握新的习惯,即按照事物所显现的样子来观看它们。至此,我们触及给哲学带来许多麻烦问题的区分——"现象"与"实在"的区分,即事物看起来是什么和它究竟是什么的区分。画家想知道事物看起来是什么,而实干家和哲学家则想知道事物究竟是什么;哲学家的愿望比实干家更加强烈,而且更加困惑苦恼,因为他们知道回答这个问题的诸多困难。

回到桌子的问题。根据上述讨论,我们可以明确地意识到,任何表现出来的颜色都不是桌子的本色,甚至不是桌子任何特定部分的颜色——从不同的观察点看上去,桌子表现为不同的颜色,并且也没有任何理由可以认为其中的某几种颜色比其他颜色更显桌子的本色。我们知道,即使从某个给定的观察点来观察桌子,其颜色也会因人造灯光的不同而不同,而色盲者或戴上蓝色眼镜也会看到不同颜色的桌子。在黑暗中,尽管桌子摸起来或敲起来并无变化,但它的各种颜色都不见了。这说明,颜色不是桌子自身所固有的,颜色取决于桌子、观察者及光线投射在桌子上的方式。在日常生活中,当我们谈到桌子的颜色时,仅仅是指在普通光线条件下,一个普通观察者从普通视角所看到的颜色分布。但是桌子在其他条件下所呈现出的颜色,也应有同等权利被认为是真实的颜色。因此,为避免偏颇之论,我们必须完全否认桌子自身具有某种特定颜色。

同样的道理也适用于桌子的材质。人们用肉眼可以看见木材的纹理,但在不同的情况下又会看到它是光滑平顺的。如果通过显微镜观察,会看到桌子材质表面的高低起伏,如山丘或裂谷般,以及肉眼看不到的各种差异。哪一种才是"实在"的桌子呢?

人们自然而然地想说，显微镜里看到的更实在；然而，如果用更高倍的显微镜来观察它时，情况又会有所变化。如果我们不能相信肉眼所见，那又为何要相信我们通过显微镜所见到的？如此一来，我们那因感官经验而生发的信心又一次靠不住了。

　　桌子的形状也没比颜色好多少。我们都习惯于按照事物"实在的"形状进行判断，而且我们如此不假思索，以致会自认为确实看到了实在的形状。然而事实上，正如我们必须知晓的，如果要作一幅画，一个特定物理客体的形状会因观看角度的不同而不同。如果我们的桌子"实在的"是长方形的，但几乎从任何角度看，它都好像有两个锐角和两个钝角。假如对边是平行的，但它们看起来仿佛会在远离观察者的地方有个聚焦点；假如对边是等长的，但距离观察者较近的那一边看起来更长一些。在看一张桌子时，所有这些情况通常不会被人注意到，因为经验已经教会了人们从物理客体外表的形状来构想"实在的"形状，而"实在的"形状才是我们这些实践者感兴趣的东西。但是"实在的"并不是我们所看到的那样，而是依据我们看到的推断出来的。再者，当我们在房间里走动时，视觉所见的物理客体也在不断改变形状；所以，此时的感官似乎同样没有给我们提供关于桌子本身的真相，而只不过提供了有关桌子的现象而已。

　　当我们考虑触觉时，也会出现类似的困难。的确，桌子总是给我们一种坚硬的质感，而我们也感觉到它能承受压力。但是，我们所获得的这种感觉，却取决于我们施加于桌子上的压力有多大，也取决于我们用身体的哪一部位去压它。如此一来，由于施加的压力不同或者使用的身体部位不同，我们得到了各种不同的感觉。但我们不能认为这些不同的感觉直接地揭示了桌子的某些确切属性，它们最多只是某种属性的标志而已。这里所说的某些属性也许是造成这些感觉的原因，但它显而易见并不存在于任何感觉之中。同样的道理显然也适用于敲击桌子时所发出的声音。

如此便显而易见，实在的桌子如果确实存在，也并不是我们通过视觉、触觉和听觉等直接经验接触到的那张桌子。实在的桌子如果确实存在，也不是我们所直接地认知的，而必然是我们根据即刻认知而推断出来的。因此，两个非常困难的问题出现了：（1）究竟有没有一张实在的桌子？（2）如果有，它可能是怎样的客体？

有几个意义明确且清晰的简单术语，有助于我们思考这两个问题。让我们把在感觉中所直接认知的东西，如颜色、声音、气味、硬度、粗细等，命名为"感觉材料"，并把直接觉察到这些东西的经验命名为"感觉"。这样，只要我们看到某种颜色，就会有对于这种颜色的感觉，但是，颜色本身是一种感觉材料，并不是一种感觉。

颜色是我们所能直接通过知觉感知的东西，而知觉自身本是一种感觉。显然，我们若想认识桌子，就必然凭借感觉那些棕色、长方形、平滑等感觉材料，我们把这些感觉材料和桌子联系在一起；除了前述原因外，我们不能说桌子就是这些感觉材料，甚至也不能说，这些感觉材料径直就是桌子的属性。于是，如果存在这样的实在的桌子，一个问题就会出现：感觉材料与实在的桌子的关系问题。

如果确实存在一张实在的桌子，我们将其称为"物理客体"。我们必须考虑感觉材料与物理客体的关系。我们把所有物理客体的总和称为"物质"，因此我们前面的两个问题可以重新表述如下：（1）究竟有没有物质这样的东西存在？（2）如果有，它的本性又是什么呢？

第一个正式给出理由，认为感官的直接客体并不能独立于我们而存在的哲学家，是贝克莱[1]。他的《海拉斯和斐洛诺斯关于反对怀疑论者和无神论者的对话录三篇》[2]，试图证明根本就不存在物质这种东西，世界除了心灵及其观念之外，别无他物。海拉斯始终相信物质，但他不是斐洛诺斯的对手，斐洛诺斯毫不留情地使他陷入矛盾与悖论之中，最后，斐洛诺斯关于否定物质的观点看起来仿佛是常识。这场论争采用了相当不同的价值标准：有的十分重要并且正确合理，其他的则混乱或模棱两可。但是，贝克莱的功绩在于，其论证表明了物质可以合情合理地被我们否认，并且指出如果有任何东西独立于我们之外而存在，那它们就不可能是我们感觉的直接客体。

当我们提问物质是否存在时，就涉及两个不同的问题，厘清这两个问题是重要的。我们通常用"物质"来指某种与"心灵"相对立的东西，我们认为物质是占据着空间但又根本不属于任何思维或意识的东西。贝克莱正是主要在这个意义上否认物质，也就是说，他并不否认我们以为是桌子存在标志的那些感觉材料实际上是某种独立于我们之外的东西的存在标志，但他的确否认这种东西是"非心灵"的，也就是说，它可以既不是心灵，也不是

---

[1] 乔治·贝克莱（1685—1753），英国（爱尔兰）著名哲学家，与约翰·洛克和大卫·休谟一起被认为是英国近代经验主义哲学家的代表。著有《视觉新论》《人类知识原理》《海拉斯和斐洛诺斯关于反对怀疑论者和无神论者的对话录三篇》等，均为当时英国哲学界的热议话题。在《海拉斯和斐洛诺斯关于反对怀疑论者和无神论者的对话录三篇》中，贝克莱提出著名主观唯心主义哲学观："存在就是感知与被感知。"

[2] 罗素在本文的最后推荐书目中也提到此书。商务印书馆在出版中文版本时，书名为《海拉斯和斐洛诺斯关于反对怀疑论者和无神论者的对话录三篇》。

某个心灵所持有的观念。贝克莱承认：当我们走出屋子或闭上眼睛时，必定有某种东西继续存在；并且，我们所谓的看见桌子，也确实让我们有理由相信，即使我们没有看到它，它也会继续存在。但是，他认为，尽管这种东西必然独立于我们的"看见"，但它不可能在本性上与我们所看见的东西完全不同，而且它也不可能全然独立于我们的看见之外。他因而认为，"实在的"桌子乃是上帝心灵中的一个观念，我们只能推断它而永远不能即刻直接地觉知它，这种观念具有必要的永恒性和相对于我们的独立性，而同时又不（像物质那样）是某种完全不可知的东西。

贝克莱以后的其他哲学家也持有此见解，即认为虽然桌子并不依赖于我的看见才存在，但它的确依赖于被某个心灵所看见（或以其他方式被感觉到）——虽然并非一定依赖于上帝的心灵，而往往依赖于宇宙中所有心灵的综合整体。他们之所以像贝克莱一样持有此见解，主要是因为他们认为，不可能有任何东西是实在的——除了心灵及其思想和感受以外，也不可能有任何被认知的东西是实在的。我们大致可以这样陈述他们用以支持自己见解的论证："任何可以被思考的东西，都是思考者心灵中的一个观念。因此，除了心灵中的观念以外，再没有什么东西能被人思考；因此，其他任何东西都是不可想象的，而不可想象的东西是不存在的。"

我认为上述这种论证是错谬的。提出这种论证的人当然不会过于简短或粗糙地泛泛而谈。但是，无论这个论证是否有效，它已经以各种形式被广泛地提了出来；而且有很多哲学家，也许是大多数哲学家，均持有这种观点：除了心灵及其观念以外，没有什么东西是实在的。这样的哲学家被称为"唯心主义者"，当他们在解释物质时，要么像贝克莱那样，声称物质不过是观念的集合；要么像莱布尼茨（1646—1716）那样，声称表现为物质的一切事物，其实或多或少地不过是原始心灵的集合而已。

虽然这些哲学家否定物质作为心灵相对立的存在，但他们在另一种感官意义上，又是承认物质的。现在还记得我们曾提问过的两个问题：（1）究竟有没有一张实在的桌子？（2）如果有，它可能是怎样的客体？贝克莱和莱布尼茨都承认有实在的桌子，但贝克莱认为它是上帝心灵中的某些观念，而莱布尼茨则认为它是一团灵魂[1]。因此，他们二位都以肯定的方式回答了我们提出的第一个问题；但在回答第二个问题时，他们的见解才与常人有了分歧。他们几乎都同意：无论我们的感觉材料——颜色、形状、平滑度等——有多么地依赖我们，它们的出现却是某种并不依赖于我们而存在的东西的标志，而这种不依赖于我们而存在的东西，也许与我们的感觉材料完全不同，但当我们和实在的桌子处于适当的关系时，却可以认为是这种东西引发了感觉材料的产生。

显而易见，哲学家们现在一致同意这一点：无论桌子的本性如何，承认实在的桌子是存在的，这一点极其重要。在我们还没进一步讨论桌子的本性问题之前，值得先考虑究竟是什么让我们

---

[1] 莱布尼茨的《斐拉莱特与阿里斯特的对话》一文将有形实体界定为"由灵魂与物质团块组合而成的物体"。在他看来，有形实体有两个基本构件：一是有形实体的质料，即"物质团块"或"次级物质"；一是有形实体的形式，即有形实体的"灵魂"。灵魂是有形实体的能动的和受动的力。莱布尼茨在《论自然本身，或论受造物的内在的力与活动》一文中也曾提到："实体的原则本身，在生物那里就称之为灵魂，在其他存在者那里，则称之为实体的形式。"更多资料可参见《莱布尼茨自然哲学文集》，商务印书馆，2018年版。

可以接受这种见解。因此，下一章里，我们要讨论究竟为何要假定有实在的桌子。

在我们继续讨论之前，最好先考虑一下，到目前为止，我们已经发现的都是什么。看起来，假如我们任取一个普通的客体，而它是可以为我们的感官所知的，那么感觉直接告诉我们的，并不是关于独立于我们的那个客体的真理，而仅仅是关于这些感觉材料的真理；而且，就我们所能看出的而言，这些感觉材料随我们与客体之间的关系而定。如此说来，我们所能直接看到和感觉到的，不过是"现象"而已，而我们却相信它是某种幕后"实在"的标志。但如果这个"实在"并不是它所表现出的样子，我们有没有办法知道究竟有无任何实在之物呢？如果有，我们有没有办法能够发现它是什么样子呢？

这样的问题令人困惑不解，而且即便是最奇特的假说，我们也难说它很可能不是真的。因此，我们所熟悉的桌子，虽然迄今只是拨动了我们些许思绪，却充满了各种令人吃惊的可能性的问题。我们所唯一知晓的，就是它并非看起来的样子。超出这个朴素的结论之外，我们有充分的任意猜测的自由。

莱布尼茨告诉我们，它是一团灵魂；贝克莱告诉我们，它是上帝心灵中的一个观念；而严谨的科学几乎也同样令人惊奇地告诉我们，它是极其庞大的一堆剧烈运动的电荷[1]。

---

[1] 物质的一种物理性质，许多次原子粒子所拥有的一种基本守恒性质。物理学上，电荷也指物质、原子或电子等所带的电的量。静止的带电粒子会产生电场，移动中的带电粒子会产生电磁场，带电粒子与电磁场之间的相互作用称为电磁力或电磁相互作用，而电磁力是四种基本相互作用（万有引力、电磁力、强相互作用、弱相互作用）中的一种。近代物理学对力的解释相比莱布尼茨将"力"视为有形实体的"灵魂"，堪称"严谨的科学"。

在令人惊讶的可能性中，怀疑揭示说，也许根本就没有桌子。哲学，即使它回答的问题不像我们所期望的那么多，但它至少有能力提出一些可以增加人们对世界好奇心的问题，并且能揭示即使在日常生活最寻常事物的表面之下也隐藏着奇特和奥妙。

第二章

物质的存在

在这一章中,我们必须自问:无论在哪种意义上,是否存在物质这种东西。是否有一张桌子,它具有确定的内在本性,并且在我不看它时也持续存在呢?抑或说,这张桌子不过是想象的产物,是我的一场持久大梦里的梦中之桌?这个问题是极为重要的。因为如果不能确定客体的独立存在,我们也就不能确定他人身体的独立存在,由此我们也不能确定他人心灵的存在。因为除了凭借观察他人之身体而得到一些根据外,我们再无其他依据可以确定他们心灵的存在。这样,如果不能确定客体的独立存在,我们将孤独地迷失于一片沙漠之中,也许外部世界只不过是一场梦,只有我们自己孤独地存在。这是一种不太令人愉快的可能性;尽管我们不能严格地证明它是虚假的,但也没有丝毫理由认为它是真实的。在这一章,我们必须看看为什么会如此。

在开始讨论存疑的物质之前,我们先找一个多少已经确定的起点。虽然我们正怀疑这张桌子的物理存在,但我们并不怀疑感觉材料的存在,而这些感觉材料让我们相信这儿有一张桌子;当我们观看它时,也不怀疑有确定的颜色和形状出现在我们面前,当我们按压它时，可以切身体验到某种确定的硬度。所有这些心理上的感受，我们并不认为有问题。事实上，我们可以怀疑任何东西，但在最低限度上，我们的某些直接经验看起来是绝对确定的。

现代哲学的奠基人笛卡尔（1596—1650），曾发明了一种我们至今还使用并且确实有用的方法，即系统怀疑法（systematic doubt）。他宣称，凡是他不曾清晰地看清的东西，他不会相信是真的。他认为任何可怀疑的东西都应加以怀疑，直到没有理由再怀疑为止。通过使用这种方法，他逐渐相信，他能完全确定的唯一事物乃是自我的存在。他想象有一个骗人的魔鬼以持续不断的幻觉效应（phantasmagoria）把不真实的东西呈现给他的感官；也许不大可能有这种魔鬼存在，但这种情况仍是有可能的，因此对感官之觉察加以怀疑也是可以的。

但是，怀疑自我的存在是不可能的。因为如果他不存在，就没有魔鬼能够骗他。如果他能怀疑，那么他必然存在；无论他有过什么经验，他也必然存在。因此，自我的存在对他来说是绝对确定的。笛卡尔说，"我思故我在"[1]。基于这种真确的可靠性，他着手重建被其怀疑论所摧毁的知识世界。由于发明了怀疑法，又指出主观的事物是最可靠的，笛卡尔完成了他对哲学的伟大贡献，这一贡献使他至今对一切哲学学子仍有助益。

但在使用笛卡尔论证时，有些谨慎是必需的。"我思故我在"这一讲述所表达的，并不比此前已经确定的东西更多。我们似乎都能确定，今天的我们就是昨天的我们。在某种意义上，这

---

[1] 这一经典名言，出自笛卡尔于1644年出版的《哲学原理》。

无疑是真的。然而，实在的自我如同实在的桌子一样难以企及，而且，"实在的自我"看似并不具备属于某种特殊经验的令人信服的确定性。当我看桌子并且看到某些棕褐色时，我能够立即肯定不是"我正看见棕褐色"，而是"棕褐色正被看见"。当然这其中包括看到某个棕褐色的东西（或是看到褐色的人），但它本身并不包括那个被我们称为"我"的多少有些持久性的人。就其确定性而言，看到棕褐色的东西完全是一瞬间的事，它与下一瞬间具有不同经验的事物并不是同一个。

如此说来，具有原始确定性的，就是我们特殊的思想和感觉了。这既适用于正常的知觉，也适用于梦境和幻觉。我们做梦或看见鬼魂时，确实有我们自认为有的感觉，但由于种种原因，我们可以坚持这样的认知：并没有物理客体与这些感觉相对应。因此，我们关于自身经验的知识的确定性，不容许例外情况出现并对此加以限制。于是在这里，无论如何我们都已经有了一个坚实基础，可以由此开始我们对知识的追求。

我们必须考虑的问题是：如果我们确信自己的感觉材料，是否就有理由认为它们是我们称之为物理客体的那些事物存在的标志呢？当我们列举出自然而然地认为与桌子有关的所有感觉材料时，是否将关于桌子的一切悉数说尽？或者，是否还有别的什么东西——不是感觉材料，在我们走出房间后仍然会存在呢？常识会毫不犹豫地回答说：有。一个可以买卖，推拉，在上面铺一块布的东西，不可能仅仅是我们感觉材料的集合。假如用布把桌子完全盖起来，那么我们不能从桌子那里获得感觉材料，因此如果桌子真的仅仅是感觉材料的集合，那么它被盖起后就不复存在了，而这块布则是出于奇迹悬空于桌子原来所在的位置。这种见解显然是荒谬的，但要想成为一名哲学家，就必须学会不被荒谬所吓倒。

我们觉得在感觉材料之外还必须有一个物理客体，一个最重要的原因在于我们想让不同的人有着同一个客体对象。当十个人围着餐桌就座时，如果坚持说他们看到的不是同一块桌布，不是同样的刀、叉、勺子和玻璃杯，那似乎是荒谬可笑的。但感觉材料对每个人来说都是私有的，瞬间呈现于一个人视界的事物并不是瞬间呈现于另一个人视界的事物：人们从略微不同的视角看事物，所见也略微不同。因此，如果真有一些共同的客体存在，并且能在某种意义上可能被不同的人所认知，那么，就一定有某种东西是超越不同的个人私有且特殊的感觉材料之上的。那么，我们有什么理由相信存在这样的公共而中立的客体呢？

第一个答案自然而然地浮出表象了：尽管不同的人看桌子可能会稍有差异，但在看桌子时，人们所看见的多多少少总还是有些类似的，而且所看见的种种不同也是服从光的透视和反射定律的。因此很容易得出结论：在所有不同人的感觉材料之下，存在一个持久的客体。我从前一名房客那里买下这张桌子，但我买不到他的感觉材料，他的感觉材料在他离开时就消失了，但我能够而且确实买来了多多少少的相类似的感觉材料的确信期待。因此事实是：不同的人会有相似的感觉材料，同一个人在不同时间，只要在同一特定地点，也会有相似的感觉材料。这使我们可以假定，超乎感觉材料之外，存在一个持久的公共客体，它是构成不同的人在不同时间的感觉材料的基础和原因。

上述这些思考，都假设除我们之外还有别的人，而他们回避了这一问题的实质。别人得以呈现在我面前，正是通过某些感觉材料，比如他们的样貌或声音。但是如果我没有理由相信存在独立于我的感觉材料的物理客体，我就没有理由相信别人的存在，除非别人是我梦境中的一部分。因此，当我们试图表明必定有客体独立于我们自己的感觉材料而存在时，我们不能求诸他人的证据，因为他人的证据本身也是由感觉材料组成的，并不能揭示其他人的经验，除非我们自己的感觉材料是独立于我们而存在的事物的标志。因此，若有可能，我们必须在自己纯个人的经验中发现一些特征，以能表明或有可能证明，世界上除了我们自身和个人经验之外，还有其他事物存在。

必须承认，在某种意义上，我们永远无法证明有其他事物存在于我们自身经验之外。假设世界由我自己、我的思想、我的情感和感觉所构成，其余一切皆属我的幻想——这种假设在逻辑上并没有任何谬误。在梦中，也能看到一个极其复杂的世界，可等我们一觉醒来，发现它不过是一场虚幻。这就是说，我们会发现，梦中的感觉材料和我们从感觉材料中自然而然地推断出来的物理客体，似乎并不相应。（诚然，一旦假设有物理世界存在，就有可能给梦中的感觉材料找出物理的原因。例如，门砰的一声响可能会让我们梦到一场海战。但此种情境下，感觉材料虽然有一个物理的原因，但并不存在一个物理客体会像在实际的海战中那样与感觉材料相应。）假如认为整个人生是一场梦，在这场梦中，我们创造了一切呈现在自己眼前的客体，这个假设在逻辑上也不是不可能的。但也没有理由认为这个假设是真的；事实上，倘若这个假设被视为一种解释我们生活事实的手段，它就不如常识的假设来得简单。常识的假设是，确实存在独立于我们之外的一些客体，这些客体对我们的作用引发了我们的感觉。

假如确实存在物理客体，问题会容易理解，而这一点是显而易见的。如果房间中有一只猫，一会儿出现在某个位置，一会儿又出现在另一个位置；我们自然会假定，这只猫从一个地方经由一系列的中间位置走到另一个位置。但如果这只猫仅仅是我的一组感觉材料，那么它就不可能走过我没看到它的任何地方；我们不得如此假定：当我不看它时，它根本就不存在，但它又会突然出现在另一个新地方。如果这只猫的存在并不取决于我看它与否，那么我们可以根据自身经验，理解它如何在两餐之间逐渐感到饥饿；但是，假如我不看时它就不存在，那么我们似乎就无法理解，这只猫的食欲在它不存在时会像它存在时一样快的增长。如果猫仅仅由我们的感觉材料所构成，则它就不会感到饥饿，因为除了我自己的饥饿以外，别的饥饿无法成为我的感觉材料。于是，呈现在我面前的使其成为一只猫的那些感觉材料的行为，虽然视为饥饿的表达时看似十分自然，但是，如果我们仅仅把这只猫看为一团颜色的运动和变化，就极其令人费解，因为一团颜色不会饥饿，就像三角形不会踢足球一样。

但是，以猫作例子的难度，相比以人作例子的难度，小得简直不值一提。人在讲话时——也就是说，我们听到某些声音，把这声音与观念相联系，同时看到嘴唇的某些动作和面部表情——很难设想我们听到的不是对某个想法的表达，因为我们知道，如果我们也发出同样的声音，的确是在表达某些想法。当然，类似的事情也会出现在梦中，在梦中我们也会弄错他人的存在。但梦境或多或少受我们所谓清醒生活的暗示，如果我们假设真有一个物理世界存在，那么梦或多或少是可以用科学原理来解释的。因此，每一个简单的原理都会促使我们自然地采纳这一观点：除了我们自身和我们的感觉材料之外，确实还有客体存在，且它们的存在不依赖于我们对它们的感知。

当然，我们最初就不是根据论证才相信有一个独立的外在世界的。我们一旦开始反思，就会发现自己已秉持这种信念：那就是所谓的本能的信念。人们永远不会质疑这种信念，而事实是：就视觉而言，感觉材料被人们本能地相信为独立的客体，但论证材料又表明这个客体不可能与感觉材料同一。然而这种发现——它在味觉、嗅觉和听觉的事例中并无悖谬，只是在触觉中有所矛盾——并不会减弱我们的本能信念，即存在与我们的感觉材料相应的客体。由于这种信念不会引起任何疑难，反而使我们对自己经验的解释变得更加简单化和系统化，所以人们似乎没有更好的理由拒绝它。因此，我们可以承认外部世界确实存在着——尽管梦使我们对此稍有怀疑，外部世界的存在并不完全依赖于我们对它的持续感知。

毫无疑问，引导我们得出这一结论的论证，并没有我们希望的那么有力，然而它却是许多哲学的典型论证，因此有必要简略地考虑一下它的普遍性和有效性。我们发现，所有知识都是在我们的本能信念之上建立的，如果我们拒绝这些信念，一切知识也就不存在了。但是，在我们的本能信念中，有些信念比其他信念更强有力，同时有些信念也通过习惯和联想与其他信念交织纠缠。这些其他信念其实并不是本能的，却被误认为是本能信念的一部分。

哲学应当向我们展示本能信念的层级体系（hierarchy），从我们最强力坚定的信念开始，将每一种信念尽可能地从不相干的附加物中单独拎出来、独立呈现。应慎重指出，以最终呈现形式所表达的我们的本能信念，并不相互抵触，而是形成一个和谐的系统。一种本能信念，除非它与其他本能信念相抵触，否则我们没有任何理由不接受它。因此，如果我们发现它们彼此和谐，那么这整个系统就值得被接受。

当然，我们的全部或部分信念可能是错误的，一切信念都至少应该稍存不确定。但我们不能没理由地拒绝某一信念，除非我们有其他信念作为依据。因此，通过组织我们的本能信念及其推论，如有必要，通过思考其中哪些可能被修改或被摒弃，并把我们本能相信的东西当作我们唯一的材料来接受，并在这一基础上，我们可以使我们的知识有条理、有系统，虽然仍有余留错误的可能性，但由于各个部分之间的相互关联，以及我们在接受之前所做的严格审查，已经减少了这种错误的可能性。

这个功能至少是哲学能够完成的。大多数哲学家都正确地或错误地认为，哲学能做的要比这个多——相信哲学能为我们提供关于整个宇宙的、关于实在本性的最根本知识，这种知识是无法通过其他方式获得的。无论是否如此，我们所说的这个较为保守的功能，确定是由哲学来完成的。对于那些起初曾一度怀疑常识的确切性的人来说，这种功能必然证明：哲学问题所包含的艰辛劳动是正当的。

第三章

物质的本性

在前一章中，尽管找不到足以证明的理由，但我们仍然一致认为：这个想法是合理的，我们的感觉材料——比如，我们认为与桌子相关联的那些感觉材料——实际上是某种独立于我们和我们的知觉之外的东西的标志。也就是说，在我们的构成桌子现象的颜色、硬度、声音等感觉之外，我假定还存在着其他东西，而颜色、硬度、声音等是它的一些现象。如果我闭上眼睛，颜色不再存在；如果我把胳膊从与桌子的接触处移开，对硬度的感觉也不再存在；如果我不再用手指敲击桌子，声音也不再存在。但我不相信，当我的这些感觉不存在时，桌子也不存在了。相反，我相信，正是因为这张桌子一直存在，当我再次睁开眼睛，放回胳膊，用指头敲击桌子时，所有的这些感觉材料还会重新出现。在这一章里，我们必须考虑的问题是：这张独立于我的知觉而存在的实在的桌子，它的性质究竟是什么？

针对这个问题，物理科学给出一个答案。这个答案尚不能完全证实为真，还带有一部分假设，但就其实际而言，它仍值得被重视。物理科学多少有些不自觉地囿于一种观点，该观点认为，一切自然现象都应归结为运动。光、热和声音，都由于波动而生，波从发射它们的物理客体传播到看见光、感觉热或听到声音的人。这种具有波动的东西，如果不是以太，便是"厚重物质"[1]；但无论如何，它都是会被哲学家称为物质的东西。科学赋予物质的属性，只有占据空间位置，和按照运动定律来运动。科学并不否认物质也许还有其他属性，但如果物质有其他的属性，这种其他的属性对科学家来说并没有用处，也不能帮助他解释各种现象。

人们有时说，"光是一种波动形式"，但这是一种误导。因为，光是我们直接看见的，是我们经由感官而直接知道的，并不是一种波动形式，而是一种迥然不同的东西——一种我们眼睛不盲就都能知道的东西，尽管我们无法把关于光的知识传递给盲人。然而，波动恰恰相反，我们可以很好地把它描述给一个盲人，因为他能凭借触觉获得关于空间的知识；而且盲人可以在海上航行时体验到波动，正如同我们所能体验的那样。但是，这个盲人所理解的波动并不是我们所说的光：我们所指的光，恰恰是盲人永远不能理解的东西，而我们也永远没办法描述给他。

---

[1] 此处的"以太"与"厚重物质"体现了二元相对的观念。古希腊哲学家亚里士多德提出，在构成万物的水、土、火、气等物质元素之外，还有一种"天空之上"的假想之物——以太（αiθήρ），它在宇宙中无处不在。笛卡尔最先将以太概念引入科学并赋予它某种力学性质，提出"以太旋涡说"并大力倡导"以太论"，启发了牛顿、胡克、惠更斯、法拉第、麦克斯韦、托马斯·杨等物理学家。罗素写作本文时，正值物理学界围绕光的"波动说"（该理论认为光是一种波，并假设其传播介质是以太）和"粒子说"（该理论认为光是某种物质的微粒）进行激烈争论——关于这一点在本章的讨论中也有所体现。爱因斯坦于1905年提出"光电效应"的光量子解释，指出光同时具有波和粒子的双重性质。德布罗意于1924年提出"物质波"假说，认为一切物质都和光一样，具有"波粒二象性"，整合了"波动说"和"微粒说"。

根据科学的说法，我们这些不盲的人所知道的这个东西，并不是能在外部世界找到的：它是一种通过波动作用，而在看到光的人的眼睛、神经和大脑里所产生的东西。当我们说光是一种波，其实是想表达：波是引起我们对光产生感觉的物理原因。但是，光的本身——有视力的人能经验到而盲人经验不到的——没有被科学认为它能构成独立于我们和我们的感官而存在的世界的任何一部分。类似的见解也适用于其他类型的感觉。

不仅颜色和声音等在物质的科学世界里不存在，就连我们通过视觉或触觉所知悉的空间也不存在。科学所谓的物质，应占据一个空间，这对科学来说是至关重要的，但物质所在的这个空间不可能精准地恰是我们所看到或感觉到的那个空间。首先，我们所看到的空间，并不是我们借触觉而感知的那个空间；我们只有通过在婴幼期就有的经验，才能学会怎样去触摸我们所看到的东西，或者怎样去看我们觉得触及自己的东西。但科学的空间是中性的，像介乎触觉和视觉之间的。其次，它不能在触觉空间或视觉空间之中非此即彼。

同样，不同的人因为观点不同而把同一个物理客体看成不同形状。例如，一枚圆形硬币，虽然我们应当总是断定它是圆形的，但除非正面对着它看，否则我们会看到椭圆形。我们断定它是圆形的时候，乃是在断定它有一个实在的形状，这个实在的形状并不是它看起来的形状，而是与它所表现的形状有所区别的本质的形状。但这个与科学有关的实在形状，必定存在于一个实在空间里。这个实在空间不同于任何人所看见的视见空间。实在空间是公共的，而视见空间则是感知者私人化的。在不同人的私人化空间里，同一个客体看起来有不同的形状；实在空间——客体在其中具有实在的形状——必然不同于私人化空间。因此,科学范畴的空间虽然与我们的可见空间和感觉空间有关联,但它们并不相同,而且,它们的关联方式还需要科学研究。

我们暂且同意物理客体不能和我们的感觉材料完全相像,它却可以引发我们的感觉。这些物理客体存在于科学的空间中,我们称为"物理的"空间。注意到这一点很重要:如果我们的感觉是由物理客体引发,那么必然会有一个物理空间承载着这些客体,也承载着我们的感官、神经和大脑。当我们接触一个客体时——也就是说,当我们身体的某部分在物理空间所占据的位置十分接近该客体所占据的空间位置时,我们就会有触觉。在物理空间中,当客体与我们的眼睛之间没有任何不透明的东西时,(粗略地说)我们就会看到一个客体。同样地,只有当我们足够接近它时,或者当客体触及我们的舌头时,或者当客体在物理空间与我们的身体处于恰当位置时,我们才能听到、嗅到或者尝到它。除非把某个客体和我们的身体视作在同一个物理空间中,否则便无从陈述在不同情况下,我们会从这个客体能得到哪些不同的感觉。因为主要是这个客体与我们身体的相互位置,决定了我们可以从该客体得到哪些感觉。

现在,感觉材料都是在我们的个人化的空间里,要么在视觉空间里,要么在触觉空间里,要么在其他感官能给我们的更为模糊的空间里。如果像科学和常识所假定的那样,存在一个公共的、包含所有物理客体的物理空间,那么,物理客体在这个物理空间中的相互位置,就必然和感觉材料在我们个人化空间中的相互位置或多或少地对应着。我们可以毫不困难地假定情形正是如此。如果我们在路边看到一座房子比另一座离我们近些,我们的其他感官也会支持它离我们更近些的这一观点。比如说，如果我们沿着这条路走，会先到达这座房子。其他人也会同意，这座看起来离得较近的房子的确要更近一些；军用地图也会持同样看法。如此，这一切都表示，两座房子的空间关系和我们所看见的感觉材料之间的空间关系，两者是对应的。因此，我们可以假定说，存在一个物理空间，其中物理客体在该空间所具有的空间关系，和感觉材料在我们个人化空间中所具有的空间关系，两者是对应的。这个物理空间，便是几何学所研究的空间，也是物理学和天文学所假定的空间。

假定存在物理空间，并假定它的确与个人化空间是这样对应的，那么，我们关于它又能知道些什么呢？我们所能知道的，仅仅是为了确保这种对应关系而需要的东西。也就是说，我们对物理空间本身一无所知，但可以知道由物理客体的空间关系而产生的物理客体排列方式。例如，我们能够知道，在日食、月食期间，地球、月球和太阳处于一条直线上，尽管我们并不知道一条物理的直线本身是何样子，就像我们能知道视觉空间里的直线是何样子。因此，我们对物理空间距离的关系的了解，要多于我们对距离本身的了解；我们可能知道，一个距离大于另一个距离，或者一个距离与另一个距离在同一条直线上，但我们并不能对物理空间的距离有直接的认知，因为我们只是在私人化空间中认识距离，或认识颜色、声音或其他感觉材料的。我们对物理空间所知道的一切，就像一个先天盲人对视觉空间有永远不知道的事情，我们对物理空间也有永远不知道的。我们能够知道为使物理空间与感觉材料保持对应关系所需的特性，却无法知道造成这些关系的那些项目的性质。

谈及时间，我们对时间绵延或流逝的感觉，相比钟表的阐释更是路人皆知的不靠谱。时间，在我们无聊或痛苦时过得缓慢，在我们充盈愉悦时过得迅速，在我们睡眠时则仿若不存在。因此，就时间由某种绵延所构成而言，有必要像对待空间一样把时间也区分公共时间和个人化时间。但就时间包含着一种先后次序而言，无须对时间做这样的区分；我们所知的事件时间次序，与它们实际具有的时间次序是相同的。无论如何，我们没有理由假设这两种次序是不同的。空间通常也是如此：如果一个军团沿路前行，这支军团的形状从不同的角度看是不同的，但从所有角度看，军团中的人排列的次序是相同的。我们由此认为，在物理空间中这个次序是真确的，同时只有在需要保持这种次序时，我们才会假定形状和物理空间是对应的。

说到事件似乎具有的时间次序与它们实在具有的时间次序是相同的，我们有必要防范一种可能的误解。我们绝不能认为，不同物理客体的各种不同状态与构成，与对这些客体产生知觉的那些感觉材料具有相同的时间次序。如果把雷声和闪电视为物理客体，那么它们是同时的；这就是说，在空气扰动开始之处，即闪电所在之处，闪电与空气扰动同时发生。但我们所宣称的"听到雷声"这一感觉材料，却要等到空气扰动传到我们所在之地才能发生。同样，太阳光抵达我们大约需要八分钟，因此我们所看到的太阳其实是八分钟之前的太阳。如此而言，我们的感觉材料为物理太阳提供了证据，但它们提供的是关于八分钟之前的物理太阳的证据；假如物理太阳在最近的八分钟之内消失了，我们所称的"看见太阳"这一感觉材料也不会有什么不同。这就为我们必须区分感觉材料和物理客体，提供了一个新的例证。

我们在空间方面的发现，与我们在感觉材料和其物理对应物之间关系的发现，是很相似的。如果一个客体看起来是蓝色的，另一个客体看起来是红色的，我们可以合理地假定，那两个物理客体之间有某种相应的差异；如果两个物理客体看起来都是蓝色的，那么我们可以假定它们之间存在相应的类似。但我们不能指望直接认识使物理客体之所以看起来是蓝色或红色的性质。科学告诉我们，这种性质是某种波动，这说法听起来挺熟悉，因为我们想起所见空间里的波动。但这种波动必定存在于我们并没有直接认识的物理空间之中。因此，我们对实在的波动并不像所认为的那样熟悉。适用于颜色的这个道理，也同样适用于其他感觉材料。因此我们发现，物理客体之间的关系对应于感觉材料之间的关系，虽然物理客体之间的关系具有种种可知的性质，但就我们感官用尽各种方法所能有的发现而言，物理客体本身的内在本性仍然是不能为我们所知的。问题仍然是：是否有其他方法可以发现物理客体的内在本性。

无论如何，就视觉的感觉材料而言，首先可以采用的——虽然不是最有确定理由的——最自然的假说是：尽管由于我们所考虑过的种种原因，物理客体不可能与感觉材料精准相同，但它们可以具有或多或少的相似。根据这种观点，比如说，物理客体真的具有颜色，如果我们走运，也许会看到一个客体所具有的实在颜色。在任一指定的瞬间，一个物理客体所具有的颜色，虽然从不同角度来看不完全相同，但大体上是很相似的；我们因此可以假定，"实在的"颜色是一种中间颜色，介于从不同角度看到的不同色度（shade）之间。

这样的理论也许无法被明确地加以反驳，却可以被证明是毫无根据的。首先，显而易见的是，我们所看到的颜色取决于触击眼球的光波的本性，因此颜色的改变，既受到我们与客体之间介质的影响，也受到光从客体向眼睛方向的反射方式的影响。除非介于眼睛与客体之间的空气完全纯净，否则颜色也会发生变化，而任何强烈的反射也会使颜色完全改变。我们看到的颜色，是光线到达眼睛的结果，并不单单是发出光线的那个客体的一种性质。因此，只要有确定的光波到达眼睛，我们就会看到确定的颜色，无论光波所来自的客体是否有颜色。于是，我们完全没有必要假定物理客体有颜色，也没有正当的理由去做这种假定。完全类似的论证，也适用于除视觉外的其他感觉材料。

需要进一步追问的是：是否存在任何普遍的哲学论据能够使我们说，如果物质是实在的，那么它必然具有这样或那样的性质。如前所述，很多哲学家——也许是大多数哲学家都认为，任何实在的东西都必定在某种意义上是精神的，或者无论如何，我们所能知道的任何东西都必然在某种意义上是精神的。这样的哲学家被称为"唯心主义者"。唯心主义者告诉我们，显现为物质的东西，实际上都是某种精神的东西；也就是说，要么（如莱布尼茨所主张的）或多或少是原初的心灵，要么（如贝克莱所主张的）是心灵中的观念，按我们通常所说的，正是这些才让人们"感知"到物质。因此，尽管唯心主义者并不否认人们的感觉材料是独立于个人感觉而存在的某种东西的标志，但他们否认物质的存在，否定物质是与心灵有不同本质的东西。在下一章中，我们将简要思考唯心主义者推进其理论的各种理由，这些理由在我看来都是错误的。

第四章

唯心主义

"唯心主义"[1]一词，不同哲学家在使用时有不同的理解。我们把它理解为这样一种学说，即任何存在的东西，或者至少任何为人们所知道的存在的东西，在某种意义上都必然是精神的。这一学说在哲学界中得到广泛支持，它有若干种形式，并且基于若干不同的理由而被推崇。这种学说被广泛接受，本身就很有趣，即使是最精简的哲学概论也必须对唯心主义作一些论述。

那些不习惯哲学思辨的人，可能易于把这种学说看成明显荒谬的而加以抹杀。毫无疑问，常识把桌椅、太阳、月亮和一般的物理客体视为与心灵及其内容完全不同的东西，并且认为即使心灵不复存在，它们仍有可能继续存在。我们认为，物质早在任何心灵出现之前就已经存在了，很难想象物质仅仅是精神活动的一种产物。但是，无论唯心主义是真是假，都不能因为它的明显荒谬而将其摒弃。

我们已经看到，即使物理客体确实是独立存在的，它们也

---

[1] idealism，也译为"观念论"等。

必然与感觉材料有很大不同，而且与感觉材料只能有一种对应关系，即类似目录与被编目的事物的那种对应关系。因此，关于物理客体的真正内在性质，常识使我们完全一无所知。如果有充分的理由认为物质是精神的，我们就不能仅仅因为感觉这种观点奇怪而理所当然地摒弃它。有关物理客体的真理，必定是奇怪的。也许无法达到这种真理，但如果有任何哲学家相信自己已经达到，即便他当成真理提出来的东西是奇怪的，我们也不能因此而反对他的见解。

主张唯心主义的根据，一般都由认识论得来，也就是说，从对事物必须满足的条件的讨论中而来。第一个严肃地尝试把唯心主义建立在这种根据之上的是贝克莱。他首先证明，我们的感官数据不能独立于我们而存在，而必须至少部分地存在于心灵之"内"（in），也就是说，在没有视觉、听觉、触觉、嗅觉或味觉的时候，感觉材料就不再存在。到目前为止，他的论点肯定是站得住脚的，即使其中一些论点不完全正确。但他继续论证说，感觉材料是我们的知觉能向我们保证其存在的唯一事物。所谓被认知，就得是在一个心灵之"内"的，因此是精神的。于是他得出结论：除了存在于心灵之内的事物，其他任何事物都不能为我们所认知；凡是被认知的东西，若不存在于我心灵之内，则必然存在于另一个心灵之内。

为能理解他的论证，有必要先理解他对"观念"（idea）一词的用法。他把任何能直接被认知的东西——例如我们所能认知的感觉材料，都称为"观念"。因此，我们所看见的一种特定的颜色就是一个观念，我们所听到的声音也是一个观念，等等。但这个术语并不完全囿限于感觉材料，它还包括我们记忆或想象的那些事物，因为我们在记忆起或想象到事物的那一瞬间，对事物也会有直接的认知，他把所有这类直接材料也都称为"观念"。

然后他又继续考察了常见的客体，比如一棵树。他指出，我们在"感知"这棵树时所直接认知的一切，都是由他所谓的观念构成的。他还论证说，关于这棵树，除了被我们感知到的东西之外，没有理由认为还有任何实在的东西。他说，树的存在即在于被人感知。用经院学者[1]习惯使用的拉丁语来说，它的"esse"（存在）就是"percipi"（被感知）。他完全承认这棵树必然继续存在，即使是我们闭起眼睛或者没人靠近它时。因此，离开了心灵及其观念，世界便一无所有，并且也不可能有其他东西可以被认知，因为其他任何被认知的东西都必然是观念。

这种论证有相当多的谬误，但它们在哲学史上起过重要作用，我们不妨将其谬误揭示出来。首先，"观念"一词的使用引起了混淆。我们认为"观念"本质上是某人心灵之内的某种东西，其次，当我们被告知一棵树完全由观念构成时，我们会很自然地假定，若果真如此，那么这棵树必然完全存在于心灵之内。但是"内"这个概念是含糊的。我们说心内有一个人，并不是说这个人的身体住在我们的心灵之内，而是说在我们心内有对他的想法。当一个人说，他那些不得不处理的事务已经不再放在心里，他的意思并不是说这些事务曾经存在于他的心灵之内，而是说他的心灵之内有过关于事务的念头，这些念头后来不再在他心里了。所以当贝克莱说，如果我们能认知那棵树，则这棵树必定存

---

[1] 经院哲学（scholasticism）是运用理性形式，通过抽象的、繁琐的辩证方法论证基督教信仰的思辨哲学，是在欧洲中世纪占统治地位的哲学，其代表人物是托玛斯·阿奎那。经院学者（Schoolman），即教授或研究该哲学的学者。

在于我们的心灵之中，他真正要说的是，我们的心灵之内必定有关于这棵树的想法。要证明这棵树本身必然存在于我们的心灵之内，就好比要证明我们所怀念的一个人的本身就存在于我们的心灵之内。这种混乱似乎太过明显，任何有能力的哲学家都不会犯这种错误，但是各种各样的伴随情况竟使这种混乱成为可能。为了弄清它是如何成为可能的，我们必须更深入地研究关于观念的性质的问题。

在讨论观念的性质这个一般性的问题之前，我们必须先辨明两类彼此完全独立的问题，即关于感觉材料和关于物理客体的问题。我们看到，由于种种细节原因，贝克莱在处理构成我们对树的感知的那些感觉材料时是正确的，这些感觉材料或多或少是主观的，即它们既依赖于我们也依赖于树，如果树不被我们感知，它们也就不会存在。但是这个论点与贝克莱所用以证明任何能被直接认知的东西必然存在于一个心灵之内的论点，是截然不同的。为了这个目的而去详细论证感觉材料如何依赖于我们，是徒劳的。一般说来，必须要证明的是：事物由于被认知而表明它是精神的。这就是贝克莱自认为他已经做到的事情。现在我们必须关心的正是这个问题，而不是先前关于感觉材料与物理客体之间区别的问题。

就贝克莱意义上的"观念"一词而言，每当一个观念出现在心灵之前，就有两件截然不同的事情需要考虑：一方面是我们所意识到的事物——比如说桌子的颜色；另一方面是实际的意识本身，即知道事物的那种精神行为。精神行为无疑是精神的，但是，是否有理由可以假定我们所知道的事物在某种意义上是精神的呢？我们先前关于颜色的论证，并没有证明颜色是精神上的；

那些论证只是证明颜色的存在取决于我们的感官与物理对象的关系——我们以桌子为例。这也就是说，那些论证证明了：如果让正常的眼睛位于与桌子相对的某一点上，在一定的光线下，那么一定存在某种颜色。那些论证并没有证明颜色乃是存在于感知者的心灵之内的。

按贝克莱的观点，颜色显然必定存在于心灵之内，这种看法之所以看似合理，似乎是因为它混淆了被感知的事物和感知的作用。这两者中的任何一个，都可以称为"观念"，大概贝克莱也这样称呼它们。感知行为无疑是存在于心灵之内的，因此，当我们考量这种感知行为时，我们很容易会同意这一见解：观念必然是存在于心灵之内的。于是，我们忘记了只有把观念视为一种认知的行为时，这一见解才是真确的。所以，我们便把"观念存在于心灵之内"这一命题转移为另一种意义上的观念，即转化为我们的认知行为所能知道的事物本身。因此，通过这种无意识的含糊其词，我们得出结论：凡是我们能理解的东西，必然存在于我们的心灵之内。这似乎就是对贝克莱论证的真正分析，也是他的论证的根本谬误之所在。

在我们对事物的感知中，关于感知行为与感知客体的区别，是极其重要的问题，因为我们获得知识的全部能力都与之紧密相连。认知自身以外的事物的能力，是心灵的主要特征。对于客体的认知，本质上是指心灵与心灵以外某种事物之间的一种关系，这种关系构成心灵认知事物的能力。如果我们说，被认知的事物必然存在于心灵之内，那么我们不是过分地限制了心灵的认知能力，就是同义反复的赘述。也就是说，如果把我们所说的"在心灵之内"（in）理解为"在心灵之前"（before），仅指"被心灵所认知",那我们就只是车轱辘话来回说。但是,假如我们真是这个意思,就必须承认,在这种意义上存在于心灵的东西,仍可能不是心灵的。因此,当我们认识到知识的本质时,就会发现贝克莱的论证在内容上和形式上都是错误的,而他认为的"观念"——被认知的客体必然是精神上的,这种假设的论据是毫无根据的。因此,他支持唯心主义的理由可以被摒弃了。是否还有其他理由,则有待于进一步观察。

人们常说,我们无法知道有无自己所不知道的东西存在,这似乎是不言而喻的真理。由此推断,任何事物只要能够以某种方式与我们的经验相关联,至少就是我们所能认知的。因而可以得出这样的结论:倘使物质本质上是我们无法认知的东西,那么物质就会是我们无法知道其存在的东西,而它对我们来说也就无关紧要。还有一种原因尚不明确的普遍说法:对我们来说无关紧要的东西就不可能是实在的。因此,如果物质不是由心灵或心灵的观念构成的,它就不可能是实在的,而仅仅是一种不可能的想象(Chimaera)[1]。

在目前阶段,我们还不可能全面讨论这种论证,因为它引出的问题需要大量的前期讨论,但是,目前可以先注意那些反对这一论证的某些理由。我们从终点谈起:那些对人们没有实践的(practical)重要性的东西,我们并没有理由认为它们就不应该是实在的。当然,如果把理论的(theoretical)重要性也包括在内,那么一切实在的东西对我们都有某些重要性,因为,作为渴望了解宇宙真相的人类,我们对宇宙所包含的一切事物都有某些兴

---

[1] 在古希腊神话中,Chimaera是狮头、羊身、蛇尾的吐火怪物,后世用以表示妄想、幻想或空想之事。

趣。如果把这些兴趣也包括在内，那么，物质对我们就不是无关紧要的；只要物质存在，即使我们不能知道它的存在也没关系。显然，我们可以怀疑物质能否存在，也可以怀疑它是否存在。因此，物质是与我们的求知欲相联系的，它的重要性就在于，不是满足便是阻碍我们的这种欲望。

再者，贝克莱认为我们不可能知道任何我们所不知道的东西是否存在，这种观点非但不是真理，而且事实上也是错谬的。"知道"（know）这个词在这里的用法，有两种不同的意思。（1）它可以应用在那些与错误相对立的知识上，就这种意义而言，凡是我们所认知的，都是真确的。这种意义也可以应用在我们的信念和论断中，即应用在所谓的判断中。就"知道"的这种意义而言，我们知道某种事物是怎样的，这样的知识可以称为真理的知识。（2）这个词可用于我们对事物的知识上，可称为"亲知"（acquaintance）[1]。正是在这种意义上，我们"知道"感觉材料。（"know"的这两种意义的区别，大致相当于法语中的savoir和connaître的区别，或者德语中的wissen和kennen的区别。[2]）

因此，贝克莱的这种貌似不言自明的真理的说法，重新表述之后，就变成了："我们永远也无法真确地判断我们所不认识的东西是否存在。"这绝不是一条真理，恰恰相反，它是一条明显的虚假陈述。我无缘认识中国的皇帝，但是我能真确地判断他是存在的。当然，也可以这样说，我之所以这样判断是因为别人亲知

---

[1] 多指通过经验、实践而习得的认识。
[2] 法语和德语的这四个单词，都指"认识"，但savoir和wissen偏重"晓得、理解"，connaître和kennen偏重"因经验而熟悉"。以法语使用为例，savoir一般后接从句或不定式，表示知道某个事实、会做什么事；connaître一般指认识某个人或去过某个地方，一般后接人名、地名等。

他。然而，这是一个毫不相干的反驳，因为即使这一判断原则是正确的，我也不知道谁亲知他。再说，不能毫无理由地说：对于没有人知道的事物，我也不应该知道它的存在。这一点很重要，需要加以阐明。

如果我亲知一个东西是存在的，我的亲知就会给我关于它存在的知识。但如果反过来说，当我能知道某种东西存在时，我或者别的什么人就必然亲知该事物——这种说法是不正确的。倘若我在不亲知某事物的情况下而有正确的判断，首先肯定是借助描述使我得以认识它；其次是根据某种普遍原则，可以从我所已亲知的事物的存在，推断出符合这种描述的事物的存在。为了充分了解这一点，最好要先解决"亲知的知识"和"描述的知识"的区别，然后再考虑哪些属于普遍原则的知识（如果有）与我们自身经验存在的知识具有同样的确定性。这些问题将在后续几章加以讨论。

第五章

亲知的知识和描述的知识

我们在前一章中，已经看到存在两种知识：关于事物的知识和关于真理的知识。在本章中，我们将专门讨论有关事物的知识，而事物的知识又必须区分为两类。假设人们能在亲知事物时又不知道关于事物的某些真理——尽管这一假设未免轻率，但如果我们对事物的认识是通过所谓的亲知而获得的知识，这类知识在本质上比任何有关真理的知识都要简单，而且在逻辑上也独立于有关真理的知识。通过描述而得来的关于事物的知识却恰恰与之相反，正如我们在本章将会看到的，描述得来的知识总免不了要以一些关于真理的知识作为来源和根据。不过，我们所说的"亲知"和"描述"是什么意思呢？这是我们首先必须厘清的。

我们会说，我们对于能直接察觉到的任何事物都有亲知，而不需要任何推理过程或任何有关真理的知识作为媒介。因此，在桌子面前，我亲知构成桌子现象的感觉材料——它的颜色、形状、硬度、平滑度等，所有这些都是我直接看到和触摸桌子时意识到的。关于我所看到的色度深浅可能会引起许多争论——我可以说它是棕色的，也可以说它是深色的，等等。但是这样的表述，虽然使我知道了关于颜色的真理，但并没有使我比以前更了解颜色本身：就关于颜色本身的知识而言，它与关于颜色真理的知识是相对的。当我看到颜色时，我就完完全全地亲知它了，但我关于这种颜色本身的进一步知识甚至在理论上也不可能有。因此，构成桌子现象的感觉材料，都是我所亲知的事物，而且这些事物是按照它们的原样被我直接认知的。

与之相反，我对于作为物理客体的桌子的知识，就不是直接的知识了。我的知识是通过对构成桌子现象的感觉材料的亲知而获得的。我们已经看到，我们可以毫无荒谬感地怀疑桌子的存在，但不可能怀疑感觉材料。我对这张桌子的认识是那种被称为"描述性认识"的知识。这张桌子是"引发这样或那样的感觉材料的物理客体"。这是用感觉材料来描述桌子。为了对桌子有所认知，我们必须知道将桌子与我们所亲知的事物联系起来的真理：必须知道"这样或那样的感觉材料是由一个物理客体引发的"。我们并没有直接觉察桌子的心灵状态；我们所有关于桌子的知识，实际上都是关于真理的知识，而真正的东西——使桌子成为桌子的确定的某种东西，严格地说，我们根本就一无所知。我们知道有一种描述，也知道这种描述只适用于一个客体，尽管这个客体本身是不能为我们所直接知道的。如此情形下，我们说我们关于这个客体的知识，即是描述的知识。

我们的一切知识，无论是关于事物的知识还是关于真理的知识，都是以亲知作为基础的。因此，考虑有哪些事物是我们所亲知的，是非常重要的事。

正如我们已经看到的，感觉材料属于我们所亲知的事物之列；事实上，它们为亲知的知识提供了最明显的例子。但如果它们是唯一的例子，我们的知识所受的限制便要比实际上大得多。我们便只知道现在呈现在感觉中的东西：我们不可能知道过去的任何事情——甚至不知道有所谓的过去——也不可能知道关于我们感觉材料的任何真理，因为所有关于真理的知识（正如我们将要说明的）都需要亲知与感觉材料性质不同的东西，这些东西有时被人称为"抽象观念"，但我们将其称为"共相"（universal）[1]。因此，如果要使我们的知识获得任何相当充分的分析，就必须在考虑感觉材料之外，还要考虑亲知其他的东西。

超出感觉材料范围之外，首先需要加以考虑的，是通过记忆来亲知。很明显，我们常常记得自己曾看到的、听到的或以其他方式送抵感官的一切感官材料，在这种情况下，我们仍然会直接察觉我们所记忆的一切，尽管它所表现出来的是过去的而不是现在的。这种经由记忆而获得的直接知识，是关于过去的一切知识的根源：没有记忆，我们就不可能通过推论而获得关于过去的知识，因为我们永远不会知道过去有什么东西是可用以推论的。

超过感觉材料范围，下一个需要加以考虑的，是内省的亲知。我们不仅能察觉一些事物，而且我们也总能察觉到自己正在察觉它们。常常能意识到自己正在意识这些事情。当我看见太阳时，我通常能察觉到我看见了太阳。因此，"我看见太阳"是我所亲知的一个客体。当我渴望食物时，我可能会察觉到自己对食物的渴望；因此，"我渴望食物"是我所亲知的一个客体。同样，我们也可以察觉到自己正处于喜悦或痛苦中，以及察

---

[1] 哲学概念，指一般概念、一般观念、一般性、普遍性等。此处的"相"的含义，与自然科学（尤其材料学）中"相"（phase）的含义完全不同，自然科学常提的"多相共存"与此处"共相"完全无关。

觉一般发生在我们心灵中的事件。这种可以被称为"自我意识"（self-consciousness）的亲知，是我们关于内心事物的所有知识的根源。显然可见，只有在我们自己心灵内发生的事情，才能够被我们直接地加以认识。通过我们对他人身体的感知，也就是经由与他人身体相关联的感觉材料，我们才知道别人在想什么。如果我们不亲知自己心灵的内容，就无法想象别人的心灵，我们也就永远不会获得"别人是具有心灵的"这一知识。似乎可以很自然地这样假定：自我意识是人类与动物的区别之一；我们可以假定，动物虽然亲知感觉材料，但从未察觉到这种亲知。我的意思不是说动物怀疑自己的存在，而是说它们从未意识到自己有感觉（sensation）和感情（feeling），也因此没有意识到自己是作为感觉和感情的主体存在的这一事实。

我们已说过，亲知我们的心灵内容就是自我意识；然而这当然并非对自我的意识，而是对我们特定的思想和感情的意识。我们是否也能亲知那个作为与特定思想和感情相对的纯粹自我呢？这是一个令人难以回答的问题。要对这个问题给出肯定的回答，难免轻率冒失。当试图内省自己时，我们似乎总会碰到某种特定的思想或感情，而不是碰到具有这种思想或感情的"我"。尽管如此，仍有理由认为我们是亲知这个"我"的，尽管这种亲知很难和其他东西区别开来。为了弄清楚我们所依据的理由是什么，先思考一下，我们对特定思想的亲知究竟包括些什么。

当我亲知"我看到了太阳"时，显然是我亲知了两种相互关联但又迥异的东西：一个是对我来说代表着太阳的感觉材料，另一个则是看到了这些感觉材料的那个东西。一切亲知——例如我对代表着太阳的感觉材料的亲知，显然似乎是亲知者与被亲知的客体之间的一种关系。当一个亲知行为的本身，就是我所能亲知的一件事物时（例如，我亲知到我对于那个代表着太阳的感觉材料的亲知），显然，我所亲知的那个人就是我自己。因此，当亲知到自己正看太阳时，我所亲知的全部事实就是"对感觉材料的自我亲知"。

再则，我们也知道"我亲知这些感觉材料"这一真理。但是，我们如何才能知道这一真理，或者说如何能理解它的含义，这是难以知道的，除非能对我们称为"我"的这个东西有所亲知。也许并无必要假定我们认识一个近乎不变的人——此人今天和昨天是完全相同的样子，但是对那个看到太阳并且对感觉材料有所亲知的东西，无论它的性质如何，我们似乎都必须亲知它。因此，在某种意义上，我们似乎必须亲知那个与我们的特殊经验相对的"自我"。但讨论这个问题是很困难的，任何一方都能援引复杂的论证。因此，亲知我们自己或许可以做得到，但要断言能确定无疑地做得到，那就不明智了。

因此，关于对存在事物的亲知，我们可以把上述考虑总结如下。在感觉中，我们亲知外部感觉所提供的材料；在内省中，我们亲知所谓内部的感觉——思想、感情、欲望等；在记忆中，我们亲知的事物不是来自外部感觉材料就是来自内部感觉材料。还有一点虽不确定但是有可能的：我们已经亲知了那个察觉到事物或者对事物具有愿望的"自我"。

我们除了对特定存在的事物有所亲知之外，还亲知我们称为共相的事物——共相也指一般性的观念，诸如白、多样性、兄弟关系等一般观念。每个完整的句子必须包含至少一个代表共相的词，因为每一个动词都有一个普遍的意义。关于共相问题，我们稍后会在第九章中再讨论，就目前而言，我们只需要避免这样的假设：我们所亲知的东西必然是某种特殊的和存在的东西。对共相的察觉叫作构思观念（conceiving），我们所察觉的共相则被称为观念（concept）。

可以看到，在我们所亲知的客体中，并不包括与感觉材料相对立的物理客体，也不包括别人的心灵。我们是通过所谓的"描述的知识"而认识这些事物的，现在必须考虑的就是这种知识。

所谓"摹状词"（description）[1]，我是指具有"一个某某"或"这一个某某"形式的短语。我把"某某人"这种形式的短语称为"非限定"摹状词；对于"这一个某某"（单数）形式的短语，称为"限定"摹状词。因此，"一个人"就是一个非限定摹状词，而"这个戴着铁面具的人"则是一个限定摹状词。有各种不同的问题都是和非限定摹状词相关，但我们暂且先把它们撇开，因为它们与我们正讨论的问题并不直接相关。我们的问题是：当我们知道有一个客体符合一个限定摹状词的描述时，虽然我们并没有亲知任何这样的客体，在这种情况下，我们对这种客体所具有的知识，其性质是怎样的？这是一个只关乎限定摹状词的问题。因此，后文中当我说"限定摹状词"时，我只说"摹状词"。这样，一个摹状词就是指任何"这一个某某"的形式的单称短语。

当我们知道一个客体是"这一个某某"，即当我们知道有且只有一个客体具备某一特性时，我们就说它是"借由描述而被

---

[1] 罗素用以指那些被用来摹状事物，揭示事物某些特征、属性的，由冠词和普遍名词及限制语构成的词。摹状词分为限定摹状词（又称定摹状词）和非限定摹状词（又称不定摹状词）。其中，限定摹状词又简称为摹状词，指满足某种条件时存在且仅存的唯一事物。

认识"的；这通常蕴涵着一种意思，即我们对于这个客体并没有通过亲知而获得的知识。我们知道那个戴着铁面具的人是存在过的，也知道有关他的许多观点，但是我们并不知道他是谁。我们知道，得票最多的候选人会当选，而且在这个事例中，我们也可能认识实际上会获得最多选票的那个候选人（仅就一个人能够认识另一个人的这种意义而言），但我们并不确知他是候选人中的哪一个。也就是说，我们不知道任何具有"A是将获得最多选票的候选人"这种形式的命题，其中A是候选人中的一个名字。虽然我们知道这一位某某的存在，虽然我们也可能认识那个实际上就是这位某某的客体，但我们不知道任何"a是某某事物"的这种命题——在这个命题中，a就是我们所亲知的某种东西；在这种情况下，可以说我们对这位某某所具有的知识只是"纯粹描述的知识"而已。

当我们说"这个某某存在"时，我们的意思是说，只有一个客体是这个某某。命题"a是某某"意味着a具有某某的特性，而其他的都不具有这种特性。"A先生是本选区的统一党（Unionist）候选人"，意思是说"A先生是本选区的一位（a）统一党候选人，而别人都不是"。"本选区有这位统一党候选人存在"，则意味着"某人是本选区的统一党候选人，而别人不是"。因此，当我们亲知一个客体而它就是这个某某时，我们于是知道有这样一个某某存在。但是，当我们并不亲知任何我们知道它就是某某的客体时，甚至当我们并不亲知事实上它是某某的那个客体时，我们仍然可以知道有这样一个某某存在。

普通的字句，甚至是专有名称，通常都是摹状词。也就是说，正确使用专有名称的人的思想，通常只有用摹状词代替专有名称时，才能精准地表达出来。而且，表达思想所需要的摹状词因人而异，同一个人也会因时而异。唯一不变的是名称（只要名称使用得正确）所适用的客体。但是只要这一点保持不变，那么这里所涉及的限定摹状词通常不会影响出现名称的命题的真假，通常与真假毫无关系。

我们来举几个例证。假设有一些关于俾斯麦的论断。假设有对自己的直接亲知这回事，俾斯麦本人可以直接用自己的名字来指明他所亲知的这个特定的人。在这种情况下，如果他对自己有一个判断，那么他自己就是这个判断的组成部分。在这里，这个专有名称具有了它一直希望具有的那种直接用途，即只表示一定的客体，而非代表对该客体的描述，即摹状词。但若有一个认识俾斯麦的人，也对俾斯麦给出一个判断，情况就不同了。这个人所亲知的是一些感觉材料，他把这些感觉材料与俾斯麦的躯体联系起来（我们假定这种联系是正确的）。俾斯麦那个作为物理客体的躯体，仅仅作为和这些感觉材料有联系的躯体而被朋友认识；而他的心灵更是如此，它仅仅作为和朋友的感觉材料有联系的心灵而被认识。也就是说，俾斯麦的躯体和心灵都是通过描述而被认识的。当然，一个人的某些外部特征会在朋友想起他时，映入朋友心灵之内，这在很大程度上是种偶然现象。因此，朋友心灵之内出现的对此人的摹状词也是偶然的。最关键的，他知道尽管他并未亲知所谈的这个实体，但这种种不同的摹状词都可以适用之。

当我们这些不认识俾斯麦的人在对他做判断时，我们心中对他的描述，大概不外乎多少有些模糊的历史知识——多数情况下，远远超出鉴别俾斯麦所需的知识。但是，为了说明问题，先假定我们认为他是"德意志帝国的第一任首相"。这里所有的单词都是抽象的，除了"德意志"。而"德意志"这个词对不同的人又有不同的含义。它使一些人想起在德国的旅行，让另一些人想起地图里的德国形势，等等。但是，如果想得到我们知道是适用的摹状词，我们就不得不在一定程度上引证我们所亲知的殊相（particular）。这种引证或者提及过去、现在和未来（而无确切日期），或者这里和那里，或者别人对我们的所述。这样看来，如果我们对被描述的事物所具有的知识，并不只是逻辑地由描述推导出来，那么，我们所知道的适用于某一殊相的描述，就必然以某种方式涉及我们所亲知的那一殊相。举个例子，"最长寿的人"是一种只涉及共相的描述，它必然适用于某个人，但是我们不能对这个人做出判断，因为有关他的判断所涉及的知识已然超出这个摹状词所描述的范围。然而，如果我们说，"德意志帝国的第一任首相是一个精明的外交家"，那么我们只能凭借我们所亲知的事物——通常是听到或读到的证据——来确定我们判断的真确性。除了我们传递给别人的信息，除了关于实际的俾斯麦的事实（这些对我们的判断都是重要的），我们真正拥有的思维只包含一个或多个相关的殊相，其他所包含的不过是些概念而已。

所有的空间地名——伦敦、英格兰、欧洲、地球、太阳系——在使用时，同样也都涉及我们所亲知的一个或多个殊相生发的摹状词。形而上学地考虑，我猜测就连宇宙也涉及与殊相的这种联系。而在逻辑学里与此相反，如果我们所关心的不仅是确实存在的东西，而且也研究可以存在、可能存在或将要存在的东西，而它们并不会涉及实际的殊相。

看来，当我们对只有通过摹状词才能知道的事物下论断时，我们通常有意识地使我们的论断不涉及描述的形式，而是针对所描述的实际事物。这就是说，当我们谈及任何有关俾斯麦的事情时，如果可能，我们愿意做出只对俾斯麦一个人才能做出的判断，也就是说，在我们愿意做出的判断中，俾斯麦本人是该判断的一个组成部分。但在这一点上，我们注定是要失败的，因为俾斯麦本人并不为我们所知。但我们知道存在一个客体B被称作俾斯麦，知道B是一个精明的外交家。因此能够这样描述我们所愿意肯定的命题，即"B是一个精明的外交家"，其中B就是被称作俾斯麦的那个客体。如果我们把俾斯麦描述为"德意志帝国的第一任首相"，那么我们所愿意肯定的命题，可以被描述为"关于德意志帝国的第一任首相这个实际的客体，本命题断言：这个客体原是一个精明的外交家"。尽管我们使用的描述各有不同，但使我们的思想能够交流的原因在于，我们知道有一个关于实际的俾斯麦的真命题，而且无论我们的摹状词如何变化（只要描述是正确的），所描述的命题仍然是相同的。这个被描述并且又已知为真的命题，才是我们感兴趣的。我们知道它是真命题，但我们却并未亲知它，也并不知道它。

我们可以看到，脱离殊相的亲知可以有各种不同的层次。例如，认识俾斯麦的人的俾斯麦，仅仅通过历史知识而认识俾斯麦的人的俾斯麦，那个戴着铁面具的人，最长寿的人，等等。这四个层次就是越来越远而最终脱离对殊相的认识。对于另一人来说，第一种是最可能接近亲知的知识；第二种情况，仍然可以说我们知道"谁是俾斯麦"；第三种情况，我们并不知道戴着铁面具的人是谁，尽管我们可以从他戴着铁面具这一事实中逻辑地推论关于他的许多命题；第四种情况，除了从人的定义中逻辑地推论以外，我们什么知识也不知道。在共相的领域也有类似的层级结构。许多共相和许多殊相一样，只能通过描述才被我们所知。

但在这里，正如在殊相的事件中，通过描述所知的知识最终可归结为通过亲知而知道的知识。

分析包含描述的命题的基本原则是：我们所能理解的每一个命题必须完全由我们所亲知的成分组成。

在现阶段，我们并不打算回应针对这一基本原则的各种可能的反对意见。我们现在仅仅指出：总会有某种方式一定能够完全反驳这些反对意见。因为这是很难想象的，如果我们不知道自己判断或假设的是什么，却能对此做出判断或提出假设。如果我们想话语有意义而不仅仅是空洞地发声，就必须赋予所使用词语以某种意义；而我们赋予话语的意义必须是我们所亲知的某种东西。正因如此，当我们对尤利乌斯·恺撒做论断时，显然尤利乌斯·恺撒本人并不出现在我们心灵之前，因为我们并没有亲知他。但我们心里有一些对尤利乌斯·恺撒的描述："那个在三月十五日被暗杀的人""罗马帝国的缔造者"，或者仅仅是"那个名字叫尤利乌斯·恺撒的人"。（在最后这句描述中，"尤利乌斯·恺撒"是我们所亲知的一声称呼或外形样貌。）因此，我们的论断并不完全意味着它看似要表达的意思，它并不是与恺撒本人有关的，而是指一些完全由我们所亲知的殊相和共相所构成的有关恺撒的描述。

描述的知识的根本重要性在于它使我们能够超越个人经验的局限。我们只能知道完全由我们所亲知经验的事物构成的真理，尽管事实如此，但我们仍然可以凭借那些对未曾经验过的东西的描述来获得知识。鉴于我们的直接经验范围极为狭窄，这一结果就非常重要了；如果没有了解这一点，我们的知识必定存有诡秘，也因而是可疑的。

第六章

论归纳法

在此前几乎所有的讨论中，我们一直想通过关于存在的知识来弄清什么是我们的材料。宇宙中有哪些东西是因为我们亲知了它们，才知道它们是存在的？至此，我们的答案一直是，我们亲知我们的感觉材料，也许还亲知我们自己。我们知道它们是存在的。而我们记忆中的过去的感觉材料，我们也知道它们在过去曾经存在。这些知识为我们提供了材料。

但是，如果我们要想从这些材料中做出推论——如果我们要知道物质的存在、其他人的存在、我们个人记忆开始之前的过去或未来的存在，那么，我们必须知道某种可以据此做出推论的一般原则。我们必须知道，如果事物A的存在是事物B存在的标志，要么B与A同时存在，要么比A稍早或稍晚存在。如果不了解这一点，我们就不可能把我们的知识拓展到个人经验之外的领域；而正如我们所见，个人经验的范围是极其有限的。我们现在要考虑的问题是：知识的这种扩展是否可能？如果可能，如何得以实现？

让我们举一个谁都不会质疑的事例。我们都相信太阳明天还会升起。为什么呢？这种信念仅仅是过去经验的盲目产物呢，还是一个可以被验证的合理信念？我们难以找到一种检验标准来判断这种信念是否合理，但至少可以确定，有哪些普遍信念（如果它是真确的）足以证明太阳明天会升起这一判断是合理的，以及我们的行为所依据的许多类似的其他判断是合理的。

显然，如果有人问为什么我们相信太阳明天会升起，我们会很自然地回答："因为它每天都升起。"我们坚信它以后还会升起，是因为它在过去总是升起。如果有人追问，为什么我们相信它会像以前一样继续升起？我们可以诉诸运动定律：我们会说，地球是一个自由旋转的物理客体，这样的物理客体只要不受外力干预是不会停止旋转的，而从今天到明天，外界并没有任何东西干预地球自转。当然，人们可能会怀疑，我们是否十分肯定没有外力干预，但这种怀疑并不在我们此处的关注点上。令我们关注的疑问是：运动定律到明天是否也仍然有效。如果有人提出这种疑问，我们就会发现自己的处境和当初面对有人怀疑太阳升起时的处境相同。

我们相信运动定律将继续起作用，唯一的理由是：就过去的知识使我们所能做的判断范围而言，这些规律迄今一直是有效的。确实，我们从过去得到的大量支持运动规律的证据，比得到的支持太阳升起的证据要多，因为太阳升起只是运动规律得以实现的一个特殊事例，此外类似的事例是不计其数的。但真正的问题是：一项规律在过去起过作用的例子很多，这就能证明它在将来也会如此起作用吗？显然，如果不能，我们就没有任何根据可以预料明天太阳还会升起，或预料下一顿饭吃面包时不会中毒，我们也不能预料其他控制着我们日常生活而又几乎没被意识到的事。应当留意,所有的这些预料都只是或然的(probable)。因此,我们不必寻找某个证据来证明这些预料必然(must)会实现,而只需寻找支持那个可能(likely)得以实现的某个理由。

在处理这个问题时,我们应该首先做一个重要的区分,否则我们很快就会陷入绝望的混乱之中。经验已经表明,到目前为止,某些同样的演替(succession)和共存(coexistence)往往是重复出现的,这一直是我们预料下一次出现同样的演替或共存的一个原因。具有特定样子的食物通常都有特定的味道,当我们发现熟悉的样子和异常的味道结合在一起时,我们的预料就会大受冲击;我们所看见的事物,会与我们所期望的某种触觉相联系;鬼令人恐惧的原因之一(在许多鬼故事中)是它不能给我们任何触摸的感觉。没受过教育的人第一次出国时,发现自己的母语没有人听得懂,会惊奇得难以置信。

这种预料并不局限于人类,在动物中也非常强烈。如果经常沿着某条路赶一匹马,当你想把它赶到另一个方向时,它会抗拒。家畜看到经常给它们喂食的人,就会期待饲料。我们知道,所有这些相当粗糙的齐一性(uniformity)预料很可能产生误导。那个每天喂鸡,一直喂了它一辈子的人,最后却扭断了鸡的脖子,这表明,如果能对自然的齐一性有更精密的见解,对小鸡是有用的。

尽管预料具有误导性,但是它们仍然存在。某件事曾经发生过一定次数,这一事实会使动物和人类预料它还会再次发生。因此,我们的本能当然使我们相信太阳明天还会升起,但我们的处境可能并不比那只被出乎意料地扭断脖子的小鸡更好。因此,过去的齐一性引发对未来的预料,这是一个事实。我们应该将这个事实和一个问题区分开,这个问题是:提出预料的有效性问题后,我们是否还有其他合理的依据使这些预料增加分量。

我们必须讨论的问题是,是否有理由相信所谓的"自然的齐一性"。相信自然的齐一性,就是相信已经发生或将要发生的一切都是某种普遍规律的一个实例,普遍规律不容许有例外。我们所考虑过的这些粗略的预料都可以有例外,因此很容易使抱有这些预料的人失望。然而,科学习惯性地认为——至少作为一个可行的假设——凡是有例外的普遍规则,可以被没有例外的普遍规则所取代。"没有支撑的物体在空中会坠落"是一个普遍规律,但是气球和飞机对这个规律则是例外。运动定律和万有引力定律不但可以解释大多数物体会坠落的事实,同时也解释气球和飞机能上升的事实。因此,运动定律和万有引力定律并不受这些例外的影响。

如果地球突然与一个庞然大物碰撞,而后者破坏了地球自转,那么关于太阳明天还会升起的这个信念就可以被证伪;但是,这一事件仍没有违反运动定律和万有引力定律。科学的任务就是寻找类似运动定律和万有引力定律这样的齐一性定律,这种定律就我们的经验而言,还没出现过例外事物。科学在这方面的研究取得了显著的成绩,这种齐一性迄今为止仍被视为是有效的。这又把我们带回到这个问题上来:假定它们在过去一直有效,我们有什么理由可以假定它们在将来也会一直有效呢?

已经论证过,我们有理由知道未来会和过去相似,这是因为曾经的未来已经不断地成为过去,并且总是和我们所发现的过去相似,因此我们事实上有着关于未来的经验,也就是关于在先前曾经是未来的那段时间的经验,我们可以称为"过去的未来"。

但这样的论证事实上是以正讨论的问题为论据的。我们对于过去的未来虽然有经验，但对未来的未来并无经验，而问题在于：未来的未来和过去的未来是否相似呢？这个问题不能仅仅依据过去的未来而解答。因此我们仍然需要寻求某种原则，使我们能够知道未来将遵循与过去相同的定律。

推论未来，对正讨论的问题并无实质意义。当我们把在经验中起作用的定律应用到我们并无经验的以往事物时——比如应用到地质学或有关太阳系起源的理论中，也会出现同样的问题。我们真正要问的问题是："当发现两件事经常相关联，而又知道其中一件事不会独立于另一件事而发生时，那么在新的事例中，两者中一件事的发生，是否就使我们有理由预料另一件事的发生？"我们对未来的全部预料的可能性，通过归纳而获得的全部结果——实际上也是我们日常生活所依据的全部信念，皆取决于我们对该问题的回答。

首先，必须承认，我们发现两个事物经常在一起且从不分开，这一事实本身并不足以径直证明，它们还会一起出现在我们将要考察的下一个例子中。我们只能希望：越是经常被发现在一起的事物，下次它们被发现在一起的或然性就越大。如果我们发现它们在一起的次数已然足够多，那么或然性也就几乎等于必然性。但它永远无法达到完全的必然，因为我们知道，尽管不断地重复，有时最后还会是不再重复，就像那只小鸡最后被扭断了脖子那样。因此，或然性才是我们应当追求的全部。

有人可能反对我们所提出的观点，而坚持认为：我们所知道的一切自然现象都受定律的支配，并且我们根据观察可以看到，有时候只有一个定律适用于我们的事例。对于这种见解，有两个答案。第一个答案是，即使有某个没有例外的定律适用于我们的事例，但我们在实践中永远不能确定我们已经发现此定律，而且不能确定地说它是一个毫无例外的定律。第二个答案是，定律的支配力似乎本身只是或然的，而我们认为定律在未来或在过去未经检验的事件中仍然有效，这种信念本身即是建立在我们正在检验的这条原则之上。

我们现在正考察的这个原则，可以称为归纳法原则，它的两部分内容可作如下表述：

（1）如果发现A事件和B事件是相联系的，而且从未发现它们分离过，那么A和B相联系的事例次数越多，则在新事例中（已知其中之一存在），A和B相联系的或然性也就越大。

（2）在相同条件下，相联系的事例数量如果足够多，那么出现新联系的或然性几乎接近必然性，而且使之无限接近必然性。

如上所述，这一原则只适用于在个别的新实例中验证我们的预料。但如果已知事件间有次数足够多的关联，且无不相关的个例，那么A类事物和B类事物就总是相联系的——我们也愿意知道这个普遍定律得到一种或然性的支持。假定普遍定律为真，那么，普遍定律的或然性显然小于特殊个案的或然性，而特殊个案也必然为真。但同时，普遍定律不为真，特殊个案却仍可以为真。然而，普遍定律的或然性正如特殊个案的或然性，是随着事例的重复而增加的。因此，我们可以把普遍定律原则的两部分内容复述如下：

（1）A类事物与B类事物相联系的事例越多，A类事物总是与B类事物相联系的可能性就越大（如果不知道存在不关联的案例）。

（2）同种情况下，如果A与B有足够多的相联事例，那么几乎可以肯定A与B总是相联系，并可以使得这一普遍定律无限接近必然性。

应该注意，或然性总是相对于特定的材料而言的。在我们的例子中，材料仅仅是A和B共存的已知的情况；或许还可以把一些别的材料考虑在内，而它们会显著地改变或然性。例如，一个见过许多白天鹅的人可能会根据我们的原则论断，根据已有材料或许所有的天鹅都是白色的。这也许是一个理由完全充分的论断。"有些天鹅是黑的"这一事实也不能否定这一论断，尽管事实上有些材料显示某事物的发生是或然的，但它仍可能照样会发生。以天鹅这件事为例，人们现在可能知道，颜色是许多动物非常多变的一个特征。因此，对于颜色所做的归纳特别容易出错。但这种知识将是一种新材料，而绝不能证明我们基于以前材料的或然性估计是错误的。事情虽然经常无法满足我们的预料，这一事实并不能证明我们的预料在某一事例或某一类情况下是不可能应验的。所以，无论如何，我们不能仅凭经验就推翻归纳法原则。

然而，归纳法原则同样不能用经验来证明。可以想象，对已考察过的那些事例，可以令人信服地证实归纳法原则，但就未经考察的事例，只有归纳法原则才能证明从已知到未知所做的那些推论是否合理。所有以经验为基础的论断，无论关于未来的，还是关于过去或现在的尚未经验的那部分，都是以归纳法原则为前提。因此，如果我们用经验来证明归纳法原则，就不得不以悬而未决的问题为论据。我们要么必须接受基于内在证据的归纳法原则，要么必须放弃我们对未来的预料所做的全部辩护。如果归纳法原则是不健全的，我们就没有理由预料明天太阳还会升起，或者没有理由预料面包比石头更有营养，也没有理由预料我们从屋顶上跳下去就会掉落在地上。当我们看到好像我们最好的朋友的物体向我们走来时，也没有理由认为那个身体里住着我们最坏的敌人或某个完全陌生的人的心。我们所有的行为都是建立在过去起作用的联系之上的，因此我们认为这些联系在未来也很可能起作用；这种可能性的有效性取决于归纳法原则。

科学的一般原理，就像日常生活的信念一样，例如相信定律的支配力、相信事出必有因，都完全依赖于归纳法原则。人们之所以相信这些普遍原理，是因为人类发现了有关它的真实性的无数事例，而且从没有发现关于它们为假的事例。然而，除非我们以承认归纳法原则为前提，否则这仍不能证明它们在未来的真确性。

因此，所有以经验为基础的知识，都是基于一种信念，这种信念既非经验所能证实，又非经验所能驳斥，但至少在其更为具体的应用方面，似乎和许多经验事实一样在我们心中根深蒂固。这些信念的存在和证明——正如即将看到的，归纳法原则并非唯一的例子——引起了哲学中一些最困难且最具争议的问题。在下一章中，我们将简要讨论如何解释这种知识，以及这种知识的涵盖范围和准确性程度。

第七章

论我们关于普遍原则的知识

上一章我们已经明了，归纳法原则对于基于经验的论证的有效性是必要的，但它本身不能被经验所证明，而人人都毫不犹疑地相信它，至少在它的具体应用方面是如此。拥有这些特点的，绝非只有归纳法原则。还有一些其他的原则，虽然不能被经验证明或推翻，却用于以经验为出发点的论证中。

这些原则有的甚至比归纳法原则有更充分的证据，我们对它们的认识与对感官材料存在的认识具有同样的确定性。它们构成了我们可以依据感觉之所得而进行推论的一种方法；如果我们的推论是真确的，那么我们的推论原则就和我们得到的感觉材料一样是必定真确的。推理的原则因为过于显然而容易被忽视，以致我们往往同意其中所包含的假定，而未能意识到它只是一个假定。但是，如果要获得正确的认识论，认识到推理原则的应用是非常重要的，因为我们对于这些原则的知识，已经引起一些饶有趣味而又困难重重的问题。

关于普遍原则的全部知识，我们的实际情形是：首先，我们认识到原则的某种特定应用，然后我们又认识到这种特殊性是无关紧要的，于是就有了同样被我们可以真确地肯定的普遍性。在算术教学这类事情上很容易见识到这一点："2+2=4"首先是在某些特定的两对成双的事例中被学习到，然后又在另一些特定的事例中被学习到，如此循环往复，直到最后，我们可以看到它对任何两对成双的事例都适用。逻辑原理也是如此。假设有两个人讨论今天是几号，其中一个说："你起码会承认，如果昨天是15日，那么今天一定是16日。"另一个说："是的，我承认。"第一个继续说："你看，昨天是15日，因为你和琼斯一起吃过饭，你的记忆会告诉你那天是15日。"第二个说："是的。所以今天是16日。"

这样的论证并不难理解；如果假设它的前提中的事实为真，那么就没有人会否认结论也必然为真。但它的真实性取决于普遍的逻辑原则的一个实例。该逻辑原理如下："假定我们知道，如果这个是真的，则那个也是真的。又假定我们知道这个是真的，那么就可以推论出，那个也是真的。"如果这个是真的则那个也是真，在此种情形中，我们可以说，这个"蕴涵"了那个，而那个由这个"推导"出来。就此指出我们的原则：如果这个蕴涵着那个，而这个是真的，则那个也是真的。换言之，"真命题所蕴涵的任何东西都是真的"，或者"一切由真命题推导出的东西都是真的"。

这个原则实际上包含在所有的证明中，至少就其具体实例而言是这样的。每当我们用所相信的一件事物来证明我们因而相信的另一个事物时，这个原则就适用。如果有人问："为什么我要接受根据真前提有效论证而得出的结果？"我们只有诉诸这个原则才能回答。事实上，这个原则的真实性不容怀疑、显而易见，以致乍看之时根本无须提起。然而，这些原则对于哲学家来说并非不值一提，因为它们表明，我们可以获得由感觉的客体所不能得出的不容置疑的知识。

上述原则只是若干不证自明的逻辑原则中的一个。其中至少有一些原则是在任何论证或证明成为可能之前，就应该予以认可的。当其中一些原则被认可时，其他的原则也就可以被证明，尽管这些其他的原则只要是很简单，就会像那些被公认为理所当然的原则一样显而易见。在没有更充分理由的情况下，传统上将这些原则中的三个称为"思维律"。

这三条原则如下所述：

（1）同一律：是即是。

（2）矛盾律：任何东西不能既是又不是。

（3）排中律：任何东西必须要么是要么不是。

这三个定律是逻辑上自明原则的例子，但它们并不比其他类似的原则更根本或更加不自明，例如我们刚才所讨论的那条原则——一切由真命题推导出的东西都是真的。"思维律"这个名称也容易引起误解，因为最重要的事并不是我们按照这三条定律去思考，而是事物的表现是遵从这些定律的；换言之，当我们按照思维律去思考，就能思考得真确。但这是一个很大的问题，我们后文还将再谈及。

除了这些能使我们由给定的前提证明某件事物必然地为真确的逻辑原则，还有些其他的逻辑原则能使我们由给定的前提证明某件事物为真的或然性大小。这类原则的一个例子——也许最重要的一个例子，就是我们在前一章讨论过的归纳法原则。

哲学史上的大论争之一，是所谓"经验主义"和"理性主义"两派之间的论争。经验主义者——以英国哲学家洛克、贝克莱和休谟为主要代表——坚持认为,我们所有的知识都来自经验;而以十七世纪欧洲大陆哲学家——尤其以笛卡尔和莱布尼茨为代表——坚持认为,除了我们凭经验所知的,还有一些不是我们凭借经验而知道的"内在观念"(innate ideas)和"内在原则"(innate principles)。现在我们已经可以有把握地判定这两个对立学派谁真谁假了。基于前述,必须承认逻辑原则是我们所知道的,而逻辑原则本身不能被经验所证明,因为所有的证明都以逻辑原则为前提。因此,在这场论争中最为重要的一点上,理性主义者是对的。

另外,即使我们那部分在逻辑上与经验无关(就逻辑无法证明而言)的知识,也是由经验引发并由经验造成的。只有在特定的经验中,我们才会意识到它们之间的关系所例证的普遍规律。如果认为婴儿天生就具备人类所知的一切知识,而这些知识又是无法从经验中推导出来的知识,那必然是荒谬可笑的。因此,现在不能用"内在的"这个词来描述我们对于逻辑原则的知识,"先验的"一词较少受非议,而被近现代著作家们普遍使用。所以,虽然我们承认一切知识都是由经验而来、为经验所造成,我们仍然认为有些知识是先验的,也就是说,使我们去思考它的那些经验并不足以证明它,而只是引导我们的注意力,使我们无须任何经验的证明,就能认识到它们的真理。

还有一个要点,而在这一点上,经验主义者正确地反对了理性主义者。只有凭借经验的帮助,我们才能知道有什么事物是存在的。这就是说,如果想证明我们未曾直接经验的事物是存在的,就必须在我们的前提中有一个或多个事物,而它们的存在是我们直接经验过的。例如,我们相信中国皇帝的存在,这种信念基于证据(testimony),而证据归根结底是由阅读或说话时看到或听到的感觉材料构成的。理性主义者认为,通过对必然存在事物的一般性思考,可以推断出这个或那个事物在现实世界中的存在。他们的这种信念似乎是错误的。我们所能先验地获得的所有关于存在的知识似乎都是假定性的:它告诉我们,如果一个事物存在,另一个也必然存在,或者更普遍地说,如果一个命题为真,另一个命题也必然为真。这可以用我们已经讨论过的原则来证明,比如"如果这个蕴含着那个,而这个是真的,则那个也是真的",或者"如果这个和那个屡屡不断被发现是联系在一起的,在下一次事例中出现其中之一时,它们很可能也会是联系在一起的"。因此,先验的原则有严格的范围和权限。所有关于某事物存在的知识,都必然要部分地依赖于经验。当任何事物能被我们直接认知,它的存在是仅凭经验而被认知的;当任何事物被证明存在,而又不是直接被认知的,那么证明过程中必然同时需要有经验的和先验的原则。当知识全部或部分依赖于经验时,它被称为经验的知识。因此,一切肯定存在的知识都是经验的,而关于存在的唯一先验的知识是假设的,它只能告诉我们存在或可能存在的事物之间的种种联系,而并不能告诉我们实际上的存在。

先验知识并不完全是我们迄今为止所考虑的那一类逻辑知识。在非逻辑的先验知识中,最重要的例子也许是有关伦理价值的知识。我所说的不是关于何为有用或者何为善良的判断,因为这类判断确实都需要以经验为前提;我所说的是对事物内在可取性的判断。如果说某种东西是有用的,必然是因为它可以达到某种目的;如果我们推究得足够远,这个目的就必须有其自身的价值,而不仅仅是因为它有用于某种其他的目的。因此,我们对何为有用这个问题所做的一切判断，都取决于对何种东西以其自身缘故而具有价值的这个问题所做的判断。

例如，我们断定幸福比痛苦更可取，知识比愚昧更可取，善意比仇恨更可取，等等。这种判断至少在某种程度上是直接的且先验的。就像我们此前所讨论的先验的判断一样，它们可以由经验得来，而且也确乎必须由经验得来。因为一件事物是否具有内在价值，似乎是我们不可能判断的，除非我们曾经经验过同类事物。但是，十分明显，内在价值是不能被经验所证明的，因为一个事物存在或不存在的事实，既不能证明它是好的、应该存在的，也不能证明它是坏的。这个问题的探究属于伦理学范畴，伦理学必然确认不可能从"实然"（ought to）推导出来"当然"（have to）。就目前而言，应该认识到，一切关乎什么是具有内在价值的知识都是先验的，正如逻辑是先验的一样，也就是说，这种知识的真理既不能被经验所证明，也不能被经验所推翻。

一切纯粹的数学和逻辑一样都是先验的。经验主义哲学家极力否认这一点，他们坚持认为，经验是我们的算术知识的来源，就像经验是我们的地理知识的来源一样。他们认为，由于反复看到两件事物加上另外两件事物，并且发现它们合起来总是四件事物，因而可以由归纳法得出这样的结论：两件事物加上另外两件事物总是构成四件事物。然而，如果这是我们认识"2+2=4"的来源，那么我们在说服自己相信它的真实性时，就应该采取不同于我们实际采取的方法的做法。事实上，需要一定数量的实例才能使我们抽象地想到"二"，而不是想到两枚硬币、两本书、两个人或任何其他特定种类的两个东西。但是，一旦我们能够使自己的思想从不相干的特殊性中抽离，我们就能够看到"2+2=4"

这一普遍原则，看到任何一次实例都是典型的，而对其他实例的考察也就变得没有必要了。[1]

同种情形也可见于几何学。如果我们想证明所有的三角形的某种性质，我们画出某个三角形，然后进行推导；当然我们要避免使用任何不属于它和其他所有三角形所共有的性质，如此，我们从一个特定例子可以得到一个普遍结论。事实上，我们并不觉得我们对"2+2=4"的确信会随着新例子的增加而增加，因为一旦我们看到了这个命题为真，我们的确定性就会大得不能再大了。此外，我们对"2+2=4"这个命题所感到的必然性，即使是最可靠的经验概括也不会有这样的必然性。这样的概括始终只能停留在事实层面：尽管在现实世界里它碰巧为真，可我们觉得它也许在另一个世界里为假。反之，我们觉得在任何可能的世界里，二加二都等于四。它不仅仅是一个纯粹的事实，而是一种必然，一切实际的和可能的事物都必须遵从这种必然。

如果考虑一个真正的经验概括，例如"人皆有一死"，这个问题就会很清楚了。显然，我们都相信"人皆有一死"这个命题：首先，因为没有已知的例子显示人能活过某一年龄；其次，人的身体这样的有机组织迟早会衰竭，这一点似乎有生理学的依据。如果忽略第二个理由，只考虑一个得到清楚理解的人的死亡事例，我们显然是不会满足于这个结论的。但是在"2+2=4"这种情形中就不然了，只要仔细地考虑过，仅此一例就足以使我们相信在其他任何事例中也必然会发生同样的情况。我们反思后不得不承认，对于所有人是否都会死这一问题也许还存在一

---

[1] 参看A. N. 怀德海《数学导论》"家庭大学丛书"。——原注

些疑问,尽管是微不足道的疑问。我们不妨设想:有两个不同的世界,其中一个世界里的人是不死的,而另一个世界里的人是"2+2=5";我们就会明白这一点。当斯威夫特[1]邀请我们考虑长生不死的斯特鲁布鲁格(Struldbrugs)族人时,我们能够默许地加以想象。但是,"2+2=5"的世界,在我们看来似乎完全是另一层次的事了。我们觉得,如果真有这样一个世界的话,它将颠覆我们的整个知识结构,使我们陷入彻底的怀疑之中。

事实上,在如"2+2=4"这种简单的数学判断及许多逻辑判断中,我们不需要从实例中推论,就可以知道普遍命题的含义,尽管通常需要凭借一些实例才能使我们明白其含义。为此,从普遍到普遍或从普遍到特殊的演绎过程,以及从特殊到特殊或从特殊到普遍的归纳过程,都具有它的实际效用。演绎法是否能带来新知识呢?这是哲学家之间争议已久的问题。我们现在可以看到,至少就某些情形而言,演绎法确实给人们提供了新知识。如果我们已经知道二加二总是等于四,又知道布朗和琼斯是两个人,罗宾逊和史密斯也是两个人,我们可以演绎出,布朗、琼斯、罗宾逊和史密斯是四个人。这是一种未包含在我们的前提里的新知识,因为"2+2=4"这样的普遍命题,不会告诉我们有布朗、琼斯、罗宾逊和史密斯这些人,而我们特定的前提也没有说他们一共是四个人,而演绎出来的特殊命题却把两件事都告诉我们了。

但是,如果我们以逻辑学书籍中经常提到的那个推演例子,即"人皆有一死;苏格拉底是个人,因此他是会死的",这种知识是否新,就很不确定了。就这一情形而言,我们毫不怀疑地知

---

[1] 乔纳森·斯威夫特(1667—1745),其作品《格列佛游记》充满了虚构与想象。

道某些人——A、B、C，他们是会死的，因为事实上他们已经死了。如果苏格拉底是这些人中的一个，从"人皆有一死"而拐弯抹角地得出苏格拉底大概（或然）也会死的结论，那么这种做法是愚蠢的。如果苏格拉底不是我们归纳所依据的人之一，那么，我们从A、B、C直接论证到苏格拉底，会比迂回地通过"人皆有一死"这个命题来论证要好得多。因为根据我们的材料，"苏格拉底会死"的概率（或然性）比"人皆有一死"的概率要大。（这是显而易见的，因为如果人皆有一死，那么苏格拉底也是会死的；但如果苏格拉底是会死的，并不意味着所有人都是会死的。）因此，如果我们只用纯粹归纳性的方法来论证，而不是先通过"人皆有一死"然后再用演绎法来论证，我们就会更能确定地得出"苏格拉底会死"这一结论。

这说明了公认为先验的普遍命题（如"2+2=4"）和经验概括（如"人皆有一死"）之间的区别。就前者而言，演绎法是正确的论证方式，而就后者而言，归纳法在理论上总是更为可取，并且它保证了我们对结论为真更具信心，因为所有的经验概括都不如经验的实例更为确切可信。

我们已看到，有些命题是所谓先验的，其中包括一些逻辑学和纯数学的命题，以及伦理学的一些基本命题。接下来我们必须思考的问题是：如何会有上述这样的知识呢？更具体地说，如果我们没有考察所有的实例，而且实际上也永远无法考察所有的实例，因为它们的数目是无限的，在这种情况下，又如何能有普遍命题的知识呢？这些问题是由德国哲学家康德（1724—1804）首先提出的，它们极为困难，在历史上又极为重要。

第八章

先验知识何以可能

伊曼努尔·康德被公认为近代伟大的哲学家。他经历了七年战争[1]和法国大革命，但是他从未中断过在东普鲁士哥尼斯堡的哲学教学。他最突出的贡献是创立了他所自称的"批判的"哲学，这种哲学首先肯定这样一个事实，即存在各种各样的知识，然后探究这些知识是如何成为可能的。此外，又从这种探究所得的答案中，演绎出许多关于世界性质的形而上学的结论。这些结论是否有效当然值得怀疑。但康德无疑有两件事值得称道：第一，他认识到我们有一种先验的知识，这种知识不是纯粹的"分析的"，也就是说，有一种不是总与反命题自相矛盾的命题；第二，他确立了认识论在哲学上的重要性。

在康德之前，人们普遍认为任何先验的知识都必然是"分析的"。"分析的"一词的意思可以举例更好地说明。如果我说，"一个秃头的人是人""一个平面图形是图形""一个蹩脚的诗人是诗人"，我所做的就是纯粹分析的判断。在此判断中，我至

---

[1] 1756—1763年发生在普鲁士和奥地利之间的战争，普鲁士最终取胜。

少赋予了所说的主语两种性质,其中之一用来断言主语。上述这些命题都是普通得不足称道的,除非是一位准备一篇诡辩文的演说家;否则在实际生活中,这些命题永远不会被人们明确地提及。称它们为"分析的",是因为谓语是仅由分析主语而得到。在康德以前,人们认为,一切判断只要我们肯定是先验的,就都属于这一类:在所有的此类判断中,都有一个谓语,而这个谓语只不过是它所断言的主语的一部分。如此说来,如果我们试图否定任何可认为是先验的事物时,就会陷入明确的矛盾之中。"一个秃头的人是不秃头的"这个命题断言一个人秃头,同时又对此加以否认,因此会自相矛盾。因此,在康德以前的哲学家看来,矛盾律——任何事物都不能同时具有而又不具有某种性质——足以确立一切先验的知识的真理。

休谟(1711—1776)在康德之前接受了"关于是什么使得知识是先验的这一问题"的普遍观点。他发现,有许多以前被认为是分析的事例,但所涉及的联系却是综合的,特别是那些因果关系事例。在休谟之前,至少理性主义者曾认为,只要我们有足够的知识,就可以使用逻辑方法从原因之中推演出结果。休谟论证说,这种推演是不可能的——现在一般认为休谟是正确的。因此,休谟将这个令人存疑的命题加以推论说:关于因果关系的问题,我们不知道有什么东西是先验的。受理性主义传统教育的康德,对休谟的怀疑论深感惶惑不安,他竭力为这一问题寻找答案。后来他发现,不仅因果关系,算术和几何的一切命题也都是"综合的",也就是说,都不是"分析的"。所有这些命题中,对主语的任何分析都不能揭示谓语。他的经典例子是"$7+5=12$"这一命题。康德非常真确地指出,7和5必须被放在一起才能得到12。12的概念并不蕴涵于7和5之中，甚至都不蕴涵于把它们加在一起的想法中。因此，他得出这样的结论：一切纯粹数学都是综合的，尽管也是先验的。但是这一结论又提出了另一个新问题，康德曾试图找到解决这个新问题的办法。

康德在其哲学之始即提出"纯数学何以可能？"的问题，这一问题既饶有趣味又费力难解。对于这个问题，任何不是纯粹怀疑主义的哲学都必定要找到答案。纯粹经验主义者认为，我们的数学知识是通过归纳法从特定实例中得来的。我们已经知道，这种回答是不适当的，原因有二：第一，归纳法原则本身的有效性不能通过归纳法证明；第二，数学中的普遍命题，如"2+2＝4"，显然只要考虑一个实例就能确定无疑地知道答案，而如果再列举其他例子来证明这一命题为真则是做无用功。因此，我们对数学上（逻辑学也是如此）的普遍命题的知识，必须用不同于"人皆有一死"式的（仅仅是可能的）经验概括的知识来说明。

这个问题的产生，是由于这样的知识是普遍的，而所有的经验都是特殊的。我们显然能预先知道一些有关未曾经验过的特定事物的真理，这似乎是很奇怪的。但是，逻辑和算术适用于这类事情，却是不容怀疑的。我们不知道一百年后谁是伦敦的居民，但我们知道任意两个人加上另外任意两个人，一共会是四个人。对于我们没有经验的事物，这种明显的预测事实的能力确实令人惊讶。在我看来，康德对这个问题的解决方法虽然是无效的，但很有趣。然而，这使问题非常难以解答，不同的哲学家对它有不同的见解。因此，我们只能提出它最为简要的大致轮廓，但在康德派的一些代表人物看来，即使是这样的简要轮廓也会具有误导性。

康德所主张的是，在我们的所有经验中，有两个因素是必须加以区别的，一个由客体而来（我们所称的"物理客体"），另一个由我们自身性质而来。在讨论物质和感觉材料时，我们已经知道，物理客体与相关的感觉材料是不同的，感觉材料应该被认为是物理客体与我们自身相互作用的结果。至此，我们同意康德的观点。但康德的独特之处，在于他对我们自己和物理客体的分配比例的方式。他认为，感官所提供的原初材料——颜色、硬度等都来自客体，而我们所提供的则是在空间和时间中的安排及感官材料之间的所有关系，这些关系或许是因类比而产生，或许某一材料是另一材料的原因，以任何其他方式而产生的。他主张这一观点的主要理由是，我们对空间、时间、因果关系和类比关系，似乎具有先验的知识，但对实际的原始感觉材料却没有这种先验的知识。他指出，我们可以肯定，我们所将经验的任何事物都必定表现出我们先验的知识里已经肯定于它的那些特征，因为这些特征是由我们自身的性质而来的，因此任何事物都不能在没有获得这些特征的情况下进入我们的经验里。

康德认为，他称为"物自体"[1]（thing in itself）的物质客体，本质上是不可知的；我们所能知道的，就是我们在经验中所拥有的对象，他称为"现象"。"现象"作为我们和物自体的联合产物，必然具有那些来自我们自身的特性，因此也必然符合我们的先验的知识。因此，尽管这一知识适用于所有实际的和可能的经验，却还不可以假定它适用于外界的经验。因此，尽管存在先验

---

[1] 康德的"物自体"在定义上与物质客体是同一的，即它是造成感觉的原因。在由定义推导出来的性质里，它又不是同一的，因为康德持有这样的见解（尽管在原因方面有些不一致），我们所知的范畴没有一种能适用于"物自体"。——原注

的知识，我们仍无法对经验中的一切不实际或不可能的客体有所知。康德以这种方式，试图平息调和理性主义者和经验主义者的论战。

除了可用以批判康德哲学的那些次要理由外，还有一个主要的反对意见，对任何企图用康德的方法来处理先验的知识的问题，这个反对意见似乎是极其重要的。需要说明的是，我们确信事实必然始终遵守逻辑和算术规律。但认为逻辑和算术因我们自身而生发，并不能解释这一点。我们的本性如同任何其他事物，是现有世界之中的一桩事实，我们不能确定它是否会保持不变。如果康德是对的，我们的本性可能会在明天发生大变，以致使"2+2=5"。他似乎从来没有想到过这种可能性，但这种可能性完全摧毁了他迫切为算术命题证明的那种确定性与普遍性。的确，这种可能性在形式上与康德的观点是不一致的，康德认为时间本身乃是主体强加于现象的一种形式，所以我们的实在自我（real self）不在时间中，也没有明天。然而，他还是不得不假定各种现象的时间次序是由种种现象背后那个东西的特点所决定的，此假定对我们论证的实质来说已经足够了。

此外，只要稍加反思，我们就可以明确认识到：如果我们的算术信念具有真理性，那么无论我们是否思考它们，它们都必然同样地适用于事物上。两个物体和另外两个物体必然构成四个物体，即使物体不能被人们经验到。我们如此断言，当然因为它在"2+2=4"的意义范围之内。它的真确性正如"两个现象加上另外两个现象构成四个现象"一样不容置疑。因此，康德的答案不仅未能解释先验命题的确定性，而且还过分地限制了先验命题的范围。

除了康德所提出的特别学说外，哲学家们之间流行一种非常普遍的见解，即把一切先验的都认为在某种意义上是心灵的，它与我们必然采取的思考方式有关，而与外部世界的任何事实均无关。在前一章中，我们提到了通常称为"思维律"的三个原则。过去很自然地给它们如此命名，但现在却有充分理由认为这个名称是错误的。以矛盾律为例做出说明，这条定律通常用"任何东西不能既是又不是"的形式来表述，这是为了表达这样一个事实：没有任何东西可以同时具有又不具有某种性质。因此，例如：如果有一棵树是山毛榉，那么它不可能又不是山毛榉；如果我的桌子是长方形的，那么它也不可能又不是长方形的等等。

我们之所以很自然地称这一组原则为思维律，原因在于我们是通过思维而不是外在观察来说服自己它是必然的真理。当我们看到一棵树是山毛榉时，我们无须再看一遍就能确定它是否又不是一棵山毛榉——只凭思维我们就能知道这是不可能的。然而，断言矛盾律乃是一条思维律，却仍是错误的。当我们相信矛盾律时，我们所相信的并不是我们的心灵天生必须相信矛盾律。这种信念是心灵反思的后续结果，心灵已经预设了对矛盾律的信念。对矛盾律的这种信念是对事物的信念，而不仅仅是对思维的信念。它并不是这样的信念——如果认为某棵树是山毛榉，就不能同时认为它又不是山毛榉；而是这种信念——如果一棵树是山毛榉，它就不能同时又不是山毛榉。所以矛盾律是说明事物的，而不仅仅是说明思维的；虽然对矛盾律的信念是一种思维，但矛盾律本身并不是一种信念，而是一种有关世上事物的事实。我们在相信矛盾法则时所相信的这些，如果它对世上的事物并不适用，那么即使我们强行把它认为真，也并不能使矛盾律免于成为假。

这就说明，矛盾律并非思维律。

类似的论证也可以适用于任何其他的先验的判断。当我们判断"2+2=4"时，我们并非对自己的想法做出判断，而是对所有实际的或可能的成对事物作出判断。我们的心灵天生就相信"2+2=4"，虽然这是事实，但在断言"2+2=4"时，我们所断言的却并非这一事实。没有任何关于我们心灵构成的事实，能够使"2+2=4"为真。故此，我们先验的知识只要不是错误的，就不仅是关于我们心灵构成的知识，也必定适用于宇宙所包罗的一切事物，包括心灵的和非心灵的。

事实似乎如此：我们所有先验的知识都与各种实体有关，但确切地说，这些实体既不存在于精神世界，也不存在于物质世界。这些实体是可以由非实物名词来命名，是有着质量和关系的实体。例如，假定我在房间里。我存在，房间也存在，但是"在……里"（in）也存在吗？然而很明显，"在……里"这个词是有意义的，它表示我和房间之间具有的一种关系。这种关系是某种东西，尽管我们不能以说我存在和房间存在的相同意义上来说这种东西的存在。"在……里"这种关系是我们可以思考和理解的，因为假如我们不能了解它，就不能理解"我在房间里"这句话的意思。许多追随康德的哲学家都认为，关系是心灵的作为，事物本身并不具有关系，各种关系之所以产生，是因为心灵在思考行为中把不同事物联系在一起，并判断这些关系是事物所具有的。

然而，这一观点似乎容易遭到反对，类似于我们以前极力反对康德的那些观点。显然，"我在房间里"这个命题的真并不是思维产生出来的。房间里有一只虫子，这也许是真的，即使我、这只虫子或任何其他人都没有察觉这个真理，因为这个真理只与虫子和房间有关，不依赖于其他任何东西。因此，关系应该置于一个既非心灵的又非物质的世界中。关于这一点，我们将在下一章更全面地厘清。这个世界对于哲学是极其重要的，特别是对于一些有关先验的知识的问题。关于世界的性质及我们已讨论过的那些与之有关的问题，也将在下一章继续展开讨论。

第九章

共相的世界

在前一章的末尾，我们已经看到"关系"之类的实体似乎是存在的，只是其存在方式不同于物理客体，也不同于心灵和感觉材料。在本章中，我们必须讨论这种存在的性质是什么，以及有哪些客体具有这种类型的存在。我们先从后一个问题开始。

我们现在所谈的是个非常古老的问题，因为它是柏拉图带进哲学领域的。柏拉图的"理念论"（theory of ideas）就是尝试解决这一问题的。在我看来，柏拉图所做的乃是迄今为止最成功的尝试之一。下文所要提出的理论大部分来自柏拉图，只是因时代变化而对表现形式做了些必要修改。

对柏拉图来说，这个问题出现的方式大概如后文所述。让我们来考虑一下诸如"正义"这个概念。如果我们自问何为正义，很自然地就会从这种、那种或者其他正义行为来考虑，以发现它们的共同之处。它们必然在某种意义上具有某种共同的性质，而这种共同性质存在且只存在于正义事物中。就这种共同性质而言，由于它们都是正义的，而这种共同的性质就是正义本身，是纯粹的性质，它与日常生活的一些事实混合在一起，就产生了正义行为的多样性。任何其他可能适用于常见事实的词也与之类似,例如说"白",这个词适用于许多特定事物,是因为它们都具有一种共同的性质或本质。这种纯粹的本质,就是柏拉图所说的"理念"(idea)或"理型"(form)。(虽然柏拉图所谓的"理念"可以被心灵所理解,但我们不能认为柏拉图所谓的"理念"存在于心灵之内。)正义这个"理念"并不等同于任何正义的事物,它是不属于特定事物但又为特定事物所共有的东西。因为它不是特殊的,所以它本身不能存在于感觉世界中。此外,正义不像感觉的事物那样稍纵即逝或变化不定;正义本身是恒久、不朽的。

就此,柏拉图到达了一个比普遍的感觉世界更真实的超感觉的世界,即不变的理念世界,只有理念世界才能给感觉世界提供一个朦胧的映像。对柏拉图来说,真正实在的世界是理念的世界。因为无论我们对感觉世界中的事物作何看法,我们都只能说,事物分享这样或那样的理念,而这些理念构成了事物的全部特性,因而这就容易流于神秘主义。我们可以期望在一种神秘的启示下,能够像看待感官客体那样看见理念。我们也可以想象这些理念存在于天上。这些神秘主义的发展是非常自然的,但这种学说的基础也是合乎逻辑的。正因为它的基础是合乎逻辑的,我们才必须对其加以考虑。

随着时间的推移,"理念"一词被赋予诸多联想,当把这些联想用于柏拉图的"理念"时很容易令人产生误解。因此,我们不用"理念"而用"共相"一词来阐述柏拉图的本意。柏拉图所指的这种实体,其本质与感觉中所给予的特定事物是对立的。感觉中所给予的事物,是与给出感觉的特殊事物相对立的。凡是在感觉中所给定的事物，或和感觉中所给定的那个事物具有相同性质的事物，我们称为殊相；与之相反，我们把可以被许多殊相所分享的东西称为共相。正如我们上面已看到的，共相与殊相，把正义和种种正义的行为、把白和白色的事物区别开来。

当我们研究常用词时就会发现，大致说来，专有名词代表殊相，而其他名词、形容词、介词和动词则代表共相。代词代表殊相，但含义模糊：只有通过上下文或语境，我们才能知道它所代表的是哪种殊相。"现在"这个词代表一个殊相，即代表此时此刻，但它就像代词一样，代表着含义模糊的殊相，因为"现在"总是在变化的。

由此可见，任何句子都需要至少一个表示共相的词。最接近这种陈述的例子，如"我喜欢这个"。但即使在这里，"喜欢"一词也表示一种共相，因为我还可以喜欢其他东西，其他人也可以喜欢一些东西。因此，一切真理都涉及共相，而一切关于真理的知识都涉及对共相的认识。

鉴于字典里几乎所有能找到的词都是代表共相的，那么奇怪的是：除了哲学研究者之外，竟然几乎没有人意识到存在着共相这种实体。我们自然不大琢磨句子中那些不代表殊相的词；假若我们不得不去琢磨一个代表共相的词，就很自然地认为这个词代表着共相下面的某个殊相。例如，当我们听到"查理一世的头被砍掉了"[1]这句话时，很自然地会想到查理一世，想到查理一世的头，想到砍他的头的动作，这些都是殊相。但是，我们自然不会琢磨"头"这个词或"砍"这个词的含义，而这两个词都是

---

1 英国国王查理一世于1649年1月被砍头。这是一个在历史上确定发生过的事。

共相。我们觉得这类词自身是不完整、不具体的；在使用它们之前，它们似乎都需要一个上下文。因此，我们未免完全忽略了这类共相的词，直到研究哲学迫使我们不得不注意它们。

大致可言，即使在哲学家之中，只有那些以形容词或名词来命名的共相才被广泛地或经常地认识到，而那些以动词和介词来命名的共相则通常被疏忽了。这种疏忽对哲学产生了很大影响；可以不夸张地说，自斯宾诺莎以来，大多数形而上学在很大程度上是由动词和介词命名的共相决定的。情形大致如下：一般来说，形容词和普通名词表示单个事物的性质或特性，而介词和动词倾向于表示两个或两个以上事物之间的关系。因此，对介词和动词的忽视就导致这种信念：认为每个介词都是把某种性质归因于某个单一事物，而不是表达两个或多个事物之间的关系。因此，人们曾经认为，事物之间终究不可能存在"关系"这样的实体。所以，宇宙中要么只有一种东西，要么就算有许多东西，它们终究不可能以任何方式发生相互作用，因为任何一种相互作用都是某种关系，而关系是不可能存在的。

上述第一种观点（"只有一种东西"）被称为"一元论"（monism），该观点由斯宾诺莎所首倡，在今天仍被布拉德利和其他许多哲学家所秉持；第二种见解是莱布尼茨首倡的，名为"单子论"（monadism），因为每一个孤立事物都称为一个单子（monad），但这种见解现在不太常见了。在我看来，这两种对立的哲学观尽管有趣，但它们都由于过分注意某一种共相，即过分注意形容词和名词所表现的共相，而不曾注意由动词和介词所表现的共相。

事实上，如果有人急于全盘否认有"共相"这种东西存在，我们就会发现，我们不能严格地证明有诸如性质这样的实体存在，也就是说，不能证明有由形容词和名词所表现的"共相"存在；而我们却可以证明关系必然存在，即能够证明通常由动词和介词所表现的那种"共相"存在。让我们以共相的"白"（whiteness）为例。如果我们相信存在"白"这样一种共相，我们就会说某些事物为白，是因为它们具有"白"的性质。然而，这一观点被贝克莱和休谟极力否认，后来的经验主义者也追随他们的脚步，他们所采取的否定形式是否定"抽象观念"这种东西的存在。他们说，当我们想要思考"白"时，我们对某种特定的"白"事物形成了一个意象、一种殊相，并对这一殊相进行推理，同时又注意不要推演出任何只在它身上是真确的，而在其他"白"事物上并非同样真确的东西。作为对我们实际心理过程的描述，这在很大程度上无疑是正确的。例如在几何学中，当我们想证明关于所有三角形的某些特性时，我们画一个特定的三角形并对它进行推理，得注意不要使用它与其他三角形不同的任何特性。初学者为了避免错误，往往觉得尽可能多画几个不同的三角形是很有用的，以便确保他的推理可以同样适用于所有的三角形。然而，当我们自问如何知道一个东西是白的或是一个三角形时，困难立即出现了。如果想避免用共相的白和三角形，我们就应选择一块特定的白或某个特殊的三角形，并说任何东西只要与我们所选择的特定物有某种正确的相似之处，那它就是白或三角形。但这样一来，所需要的相似性就必须是一个共相。既然白的事物有许多，那么在这些成对的白色物体之间就必然有这种相似，而这就是共相的特征。说每对之间都有不同的相似，这是毫无用处的，因为一旦那样，我们就不得不说这些相似之处都是彼

075

此相似的，结果我们最后就不得不承认相似是一个共相。因此，相似关系必定是一种真正的共相。既然已经不得不承认这种共相，我们觉得就不值得再去发明一些晦涩难解、似是而非的理论来避免承认诸如"白"和"三角形"这样的共相了。

贝克莱和休谟之所以没有意识到这种对他们拒绝"抽象观念"的反驳，是因为他们也像他们的对手，只考虑性质问题，而完全忽略了关系也是共相。因此，理性主义者反对经验主义者在另一个方面似乎又是正确的，虽然理性主义者由于忽视或否认关系的存在，所演绎出来的结论（如果真有的话）可能比经验主义者更容易出错。

既然已经明了必然存在共相这样的实体，下一个要证明的是：共相的存在并不仅仅是精神的。这句话的意思是，无论共相的存在属于哪一种，它们的存在并不依赖于心灵对它们的思维，也不依赖于它们以何种方式被心灵所觉察。我们在前一章末尾已经谈及这个问题，现在我们必须更充分地考虑共相属于哪种存在。

考虑这样一个命题，"爱丁堡在伦敦以北"。我们由此得到一种两个地方之间的关系，显然，这种关系独立于我们对它的认识而存在。当我们知道了爱丁堡在伦敦以北时，便知道了一件只与爱丁堡和伦敦有关的事情：知道了这个命题，但并不是由于我们的知道它才为真，恰恰相反，我们只是了解了一个在我们知道它之前就已经存在的事实。纵使没有人类知道南北，纵使宇宙之中根本没有心灵存在，爱丁堡在地球上所处的位置一定会在伦敦以北。当然，许多哲学家可以使用贝克莱或者康德的理由来否定这一点。但我们已经考虑过这些理由，并且认为它们是无效的。

因此，我们现在可以认定，爱丁堡在伦敦以北这一事实并没有任何精神的东西作为其前提。但这一事实涉及"在……以北"这个关系，而"在……以北"是一个共相；如果构成事实的一个组成部分的"在……以北"确实涉及精神方面的东西，那么整个事实就不可能不涉及精神方面的东西。因此我们必须承认，这种关系恰如它所涉及的那些关系项，并不依赖于我们的思维而存在，它属于思维能理解但不能创造的那个独立的世界。

然而，这个结论又遇到一个困难："在……以北"这个关系似乎不是爱丁堡和伦敦那种存在意义上的存在。如果我们问："这种关系存在于何时何地？"答案一定是："在任何时间任何地方都不存在。"没有任何地点或时间可以让我们找到"在……以北"这种关系。它在爱丁堡并不比在伦敦更多，因为它联系着两者，并在两者之间是中立的。我们也不能说它在某个特定时间存在着。而所有能被感官或内省所理解的事物，都存在于某个特定的时间。因此，"在……以北"这个关系与上述这些事物有根本区别，它既不在空间里，也不在时间里；它既不是物质的，也不是精神的。然而，它确实是某种东西。

在很大程度上，正是因为共相所具有的非常特殊的存在，才使许多人把共相视为精神的。我们可以想到一个共相，而此时我们的思维就像任何其他精神行为一样，其存在也是普通意义上的存在。例如，假设我们正在考虑"白"，那么，在某种意义上，可以说"白"是"在我们的心灵之内"的。此处我们又遇到第四章讨论的贝克莱所指出那种模棱两可的问题。严格说来，我们心灵中存在的并不是"白"，而是思考"白"的行为。我们同时注意到，"观念"一词的模糊性，在这里引发了困惑混乱。

就"白"这个词的一种意义而言,即在它表示思考行为的客体的意义上而言,"白"是一个"观念"。因此,如果不注意避免以上提到的这种模棱两可,我们可能会认为"白"是另一种意义上的"观念",即把它认为是一桩思考行为;这样,我们开始认为"白"是精神上的,但在这样思考时,我们剥夺了它的共相性的基本性质。一个人的思考行为与他人的思考行为必定不同;一个人在某一时刻的思考行为与他自己在另一时刻的思考行为也必定不同。因此,如果"白"是与它的客体相对立的思想,那么不同的两个人就不能对它加以思考,同一个人也不能思考它两次。许多不同的关于"白"的思想所共有的东西,就是它们的客体,而这个客体又不同于所有这些思想。因此,共相不是思想,尽管它们是作为思想的客体才被人们认识的。

我们将会发现,只有事物现存于时间之内时,即我们能够指出它们存在的某个时间时(这不排除它们永远存在的可能),我们才肯轻松断言它们是存在的。因此,思想和感觉、心灵和物质客体,都是存在的。但共相并不在这个意义上存在;我们可以说,它们是持续存在的或一直实在的,在这里,"实在"是超时间的,是和"存在"相对的。因此,共相的世界也可以被描述为实在的世界。实在的世界是永恒不变、严格刻板、确切严谨的,对于数学家、逻辑学家、形而上学体系缔造者及所有热爱完美胜过热爱生命的人来说,它是令人愉悦的。而存在的世界是转瞬即逝、模糊不定的,没有确切界限,没有任何明确的计划或安排,但是它包罗了所有的思想和感觉,所有的感觉材料,所有的物质客体,所有好的或坏的、能影响生命价值和世界的事物。根据我们的秉性,我们会偏爱思考共相的世界和存在的世界中的某一个。我们所不喜欢的那个世界，很可能只是我们所喜欢的那个世界的朦胧映像，在任何意义上这个映像都不值得被视为真实的。然而事实上，这两个世界都要求我们同等地注意，两者都是实在的，两者对形而上学者是同等重要的。的确，我们一旦把这两个世界区分开来，就有必要考虑它们之间的关系了。

但是首先得考虑我们对共相所具有的知识。下一章将讨论这个问题，我们将会发现，关于共相的知识可以解决先验的知识问题，最初正是先验的知识问题促使我们思考共相。

第十章

论我们关于共相的知识

就一个人在某一特定时期的知识而言,关于共相的知识正像关于殊相的知识那样,可以分为几种:亲知的、仅凭描述所知的,以及既非亲知也非通过描述所知的。

我们先来考虑通过亲知而来的共相知识。首先,显然我们都认识如白、红、黑、甜、酸、喧闹、硬等共相,也就是说,我们亲知感觉材料所证实的那些性质。当我们看到一块白时,我们首先亲知了这一块特殊的"白";但是看到许多块的"白"以后,我们并不费力地学会把它们共同具有的那个"白"抽象出来,在学会这样做的过程中,我们学会亲知"白"。类似的过程能使我们亲知这一类的其他共相。这种共相可以称为"可感的性质"。它们可以比其他事物更容易被抽象地理解,而且它们似乎比其他共相更少脱离殊相。

接下来讨论关系问题。最容易理解的关系,是一个复杂的感觉材料的不同部分之间的关系。例如,我可以一眼看到我正用来写字的整页纸,所以这整页纸就包含在一个感觉材料之内。但我察觉到这个页面的某些部分在其他部分的左边,有些部分在其他部分的上面。在这个事例中，抽象过程似乎是这样进行的：我相继看到一些感觉材料，其中一部分在另一部分的左边；我认为这就像在不同的白块例子中一样，所有这些感觉材料都有某种共同之处，通过抽象过程，我发现它们的共同之处就是各部分之间的某种关系，即我所说的"在……左边"的关系。我就以这样的方式亲知了"关系"这种共相。

我以同样的方式，也觉察到了时间的先后关系。假设我听到一组钟的响声：当最后一座钟的声音响起时，我能在脑海中保留整组钟声，能觉察到较早的钟声比较晚的钟声先到。在记忆方面，我也意识到所记忆之事发生在现在之前。无论从上述两点的哪一个，我都能抽象出前和后的共相关系，正如我抽象出"在……的左边"的共相关系一样。因此，时间关系就像空间关系，也是我们所亲知的关系之一。

另有一种关系也是我们以大致相同的方式亲知的，那就是相似关系。如果同时看到两块深浅不同的绿色，我能看出它们彼此相似；如果我同时又看到一种红色，就会发现这两种绿色之间的相似之处比任何一种绿色与红色之间的相似之处都多。以这样的方式，我亲知了共相的相似，或称相似性。

在共相之间，正如在殊相之间，有些关系是我们可以直接察觉的。刚刚已经看到，我们可以觉察出两块深浅不同的绿色之间的相似大于红和绿之间的相似。我们在这里讨论的是两种关系之间的关系，即"大于"。我们对"大于"这种关系的认识，虽然所需要的抽象能力要比认识感觉材料的性质大一些，但是它似乎同样也是直接的，而且（至少在某些事例中）也同样是不容置疑的。于是，就像对感觉材料有直接知识那样，我们也有了对共相的直接知识。

现在回到先验的知识的问题上来，这个问题是我们在开始考虑共性时未解决的遗留问题；我们发现，现在解决这个问题要比先前更能让人满意。再回到"2+2=4"这个命题上来。基于我们所讨论过的，这个命题显然表述的是共相的"2"与共相的"4"之间的一种关系。这就提出了我们现在试图确立的一个命题：一切先验的只涉及共相之间的关系。这个命题非常重要，有益于我们解决先前关于先验知识的种种难题。

乍一看，使我们的命题显得似乎并不真确的唯一的情况是：当一个先验的命题规定一切同类的殊相都属于另一类，或者（同样结果的）一切具有某一性质的殊相也具有另一种性质时。在这种情况下，我们似乎并不是讨论这种性质，而是在讨论具有这种性质的一个殊相。命题"2+2=4"就是一个很恰当的例子，因为这个命题可以表述为"任意2加上任何其他的2，等于4"，或者"任何由两个2组成的集合，都是一个4的集合"。如果我们能证明这样的命题其实都只涉及共相，那么我们的命题就可以视为已得到证明。

要揭示一个命题涉及什么内容，一个方法就是自我询问：我们必须理解哪些词语——换句话说，我们必须亲知哪些客体——才能明了这个命题的含义，显然，即使还不知道该命题是真确的还是虚假的，我们也必定对该命题所涉及的一切有所亲知。运用这一检验，一些看似关乎殊相的命题实际上只关乎共相。在"2+2=4"这个特定事例中，即使我们把它解释为"任何两对聚集在一起就是4"，但显而易见我们能明白这个命题，即一旦我们明白"聚集""2"和"4"是什么意思，就能明白该命题论断的是什么。我们完全没有必要知道世界上所有的成双成对——如果真有这个必要，显然我们也永远不能明白这个命题了，因为成双成对是不计其数的，我们不可能全部都知道。因此，虽然我们的一般陈述意味着对特定的成双成对的说明，但在我们知道确有这样特定的成双成对之时，该命题本身就不再是断言，也不意味着有类似这样的成双成对。因此，它对任何实际上的特定成双成对并未做出任何陈述。这个陈述中所讲的是关于"双"这个共相的，而不是殊相意义上的这一双或那一双。

因此，"2+2=4"这一陈述是专门讨论共相的，能让有关那些共相的人都可以知道它，并能觉察到这句陈述中所断言的那些共相之间的关系。反思我们的知识时，可以发现这样一个事实，即我们有时能够觉察到共相之间的这种关系，因而有时能够认识一般的先验的命题，例如算术命题和逻辑命题。以前我们认为这种知识很神秘，因为它似乎可以预测和控制经验。然而，我们现在可以看出这样认为是错误的。任何能够被经验的事物，没有一件事物能够不依赖于经验而被人所知道。我们先验地知道，两种东西加上另外两种东西一共就是四种东西，但我们并不先验地知道，如果布朗和琼斯是两个人，罗宾逊和史密斯是两个人，那么布朗、琼斯、罗宾逊和史密斯就是四个人。原因是这个命题根本就不能被我们所理解，除非我们知道有布朗、琼斯、罗宾逊和史密斯这样的人存在，而我们只能凭经验才能知道他们的存在。因此，我们的普遍命题虽然是先验的，但它应用于实际殊相时都涉及经验，因而也就包含着经验的因素。这样一来，我们就可以看到：先验的知识那种看似的神秘，从根本上讲是错误的。

如果我们把真确的先验判断与诸如"人皆有一死"这样的

经验概括作比较，就会使前述所讲的这一点更加清楚。和以前一样，这里我们一经了解它所涉及的人和必死的这种共相时，就可以理解这个命题是什么意思。为了理解命题的意义，显然没有必要亲知整个人类的各项事物。因此，先验的普遍命题和经验概括命题之间的区别，并不在于命题的意义，而是在命题证据的性质之中。在经验案例中，这种证据存在于特定的事例中。我们之所以相信所有人都会死，是因为我们知道有无数人死去的事例，却没有一个人活过某一个年纪。我们不相信它，是因为我们看到了在共相的人和普遍的终有一死之间有一种联系。的确，如果生理学能够在承认支配生命体的普遍规律条件下，证明没有任何生命体可以永远存活，那么，这就在人与死亡之间给出一种联系，这使我们在不必诉诸人死的特殊证据的情形下就能断言我们的命题。但这仅仅意味着我们的概括包含于一个更广泛的概括之中，对此的证据仍然是同一类的，但更为广泛。科学的进步不断地产生着这样的包含，从而为科学上的概括提供了一个不断拓展的归纳基础。这虽然给出一种更为可靠的确定性，但是它所提供的性质并没有差别：最基本的根据仍然是归纳的，也就是说，它仍然是从实例中推演出来的，而不是先验的，即不是源自那种类似逻辑学或算术中的共相之间的先验联系。

关于先验的普遍命题，应注意到相反的两点。第一点，如果我们已知许多特殊事例，那就可以从第一个事例使用归纳法得到普遍命题，而只能在以后察觉到共相之间的联系。例如，我们知道，如果分别在三角形的三个角向其对边画垂线，则这三条垂线会交于一点。我们很有可能首先得出这个命题，因为我们可以在许多情况下实际地画出垂线，并且发现垂线总是相交于一点；这种经验可能会引导我们去寻找并且找到普遍的证据。这种情形在每位数学家的经验中都屡见不鲜。

第二点更为有趣，也更具有哲学上的重要性。这就是，我们有时候会在连一个事例也不知道的情况下知道一个普遍命题。下述情形可以为例：我们知道任何两个数都可以相乘，并将所得到的第三个数称为乘积（product）。我们还都知道，乘积小于一百的两个整数，实际上都已经乘出来，乘积的值记录在乘法表中。但我们也知道，整数的数目是无限的，人类曾经或将来能想到的整数对的数目都是有限的。因此，有一些整数对是人类未曾想到也永远不会想到的，这些整数对的乘积都大于一百。于是，我们就得到了这样一个命题："凡是人类未曾想到也永远不会想到的两个整数的乘积，其值都大于一百。"这个普遍命题的真理性是不可否认的。然而，从事例的性质来看，我们永远无法给出一个实例，因为我们所能想到的任何两个数都被这个命题的条件项排除了。

有关这种无法举出实例说明的普遍命题的认知问题，人们常常否认有这种可能性，因为人们觉察不到关于这类命题的知识，而要想知道这样的命题，只需要知道共相之间关系的知识，而不需要知道所讨论的共相事例的知识。然而，对这类普遍命题的知识，对于大多数被公认为应当知道的东西却极为重要。例如，我们在前面几章中已经看到，关于物理客体的知识与感觉材料的知识相反，它只能通过推理而不是通过我们的亲知来获得。因此，我们永远不能知道"这是一个物理客体"形式的命题，其中"这"是某种可以直接知道的东西。由此可见，我们关于物理客体的所有知识都是无法举出实例的。我们可以举出有关感觉材料的实例，但我们举不出实际物理客体的实例。因此，我们关于物理客体的知识始终依赖于这种普遍知识的可能性，而这种普遍知识是无法给出实例的。这同样也适用于我们对于他人心灵的知识，或者适用于任何不能举出实例以亲知的其他类型事物的知识。

  现在可以考察一下我们知识的各种来源，因为它们已出现在我们的分析过程中了。首先，应当区分关于事物的知识和关于真理的知识。每一种知识又都可以分为两类：一类是直接的，一类是派生的。关于事物的直接知识，即我们所说的亲知的知识，根据所认识的事物不同，它又包括两种，即殊相的和共相的。在殊相的知识中，我们亲知感觉材料，（也许）还亲知我们自身。在共相的知识中，似乎没有什么原则可以用来判定哪些是亲知的。但显然，我们能够亲知的事物乃是可感知的性质、空间和时间的关系、相似关系和某些逻辑上相当抽象的共相。关于事物的派生知识，即我们所说的描述的知识，总是既包括对某物的亲知，又包括对真理的认识。关于真理的直接知识可以称为直观知识，由直观而认识的真理可以称为自明的（self-evident）真理。在这类真理中，有一些真理只陈述感官所提供的真理、逻辑和算术方面的某些抽象原则，以及伦理方面的一些命题（尽管确切性较少）。派生的真理知识包括我们从自明的真理所演绎出来的一切东西，它们皆由演绎法从自明的真理中推导出来。

  如果上述论述正确，那么我们关于真理的所有知识便都依赖于我们的直观知识了。因此，就像我们最初通过亲知来思考知识的性质和范围那样，现在思考直观知识的性质和范围，也变得很重要了。但是，关于真理的知识，又引发一个更深层次的问题，即名为"错误"的问题，这个问题在有关事物的知识中没有提到。我们的有些信念被证明是错误的，因此有必要思考如何把知识和错误区别开。"错误"这个问题不会涉及亲知的知识，其原因在于无论亲知的客体是什么，即使是在梦境或幻觉中亲知的，只要不超出直接客体的范围，就不涉及错误。只有当我们把直接客体，即把感觉材料视为某种物理客体的标志时，错误才会发生。因此，与真理的知识有关的问题要比与事物的知识有关的问题更为困难。让我们把直观判断的性质和范围作为有关真理知识的第一个问题来仔细考察。

第十一章

论直观知识

存在一种普遍印象,即认为我们所相信的一切事物,都应该是能够被证明的,或者至少能表明被证明的可能性很高。许多人觉得,无法给出理由的信念乃是不合理的信念。这种观点大体上是正确的。我们几乎所有的共同信念,都是从别的信念中推演出来的,或者能够从别的信念中推演出来,而这就可以被视为信念的理由。但是,通常情况下这种理由会被遗忘,甚至我们从未有意识地想到过它们。例如,我们很少有人会问自己:有什么理由能假定我们正吃的食物不会变成毒药?然而,如果有人如此质问,我们觉得可以找到一个完美的理由,哪怕当时没有现成的理由。我们的这种信念通常能被证明是合理的。

但是,让我们试想有一位固执的苏格拉底,不管我们给他什么理由,他都继续要求用另一个理由来解释这个理由。他这样寻根究底,也许不用过多久,我们最终会被逼到这样一个境地:我们再也找不到任何一个更进一步的理由了,而且几乎可以肯定,在理论层面甚至也找不到任何进一步的理由。以日常生活中的普遍信念为起点,我们可以从一个点退回到另一个点,直到得出某个普遍原则，或者得到普遍原则的某个实例，这个原则似乎光鲜自明，而它本身却不能从任何更为自明的东西中推导出来。在日常生活中的大多数问题上，例如食物是否真的有营养而且无毒，我们都要回到第六章中讨论过的归纳法原则。但除此之外，似乎没有继续倒退一步的余地了。该原则本身不断地被用于我们的推理中，有时是有意识的，有时是无意识的。但是没有任何推理能从更简单的自明原则出发，如此便引导我们以归纳法原则作为其结论。对其他逻辑原则也是如此。逻辑原则的真理对我们而言是自明的，我们用它们来构建证明；但是它们自身或至少其中有一些是无法被证明的。

然而，自明性并不囿于那些不能被证明的普遍原则。当我们承认了一定数量的逻辑原则之后，就可以从这些原则推演出其余的原则；而推演出来的命题往往和那些未经证明的假定命题一样的自明。此外，一切算术命题都可以从逻辑的普遍原理推演出来，像"2+2=4"这样的简单算术命题，也像逻辑原理那样是自明的。

似乎还存在一些自明的伦理原则，例如"我们应该追求美好的事物"，尽管它们有更多争议。

应注意的是，就普遍原则的一切情况而言，处理常见事物的特殊事例比普遍原则更为明显。例如，矛盾律指出，任何事物都不能既具有某种性质又不具有这种性质。只要理解这一规律，就会发现这是显然的，但当说我们所看到的一朵玫瑰不可能既红又不红，这时候就没那么显然了。（当然，玫瑰花有可能部分是红的，部分不是红的，或者玫瑰花可能是粉红色的，我们几乎不知道是否应该称为红色。但在前一种情形下，玫瑰花作为一个整体显然不是整个都红,而在后一种情形下,只要我们对"红"给一个精确的定义,答案在理论上也可以是确定的。)我们通常通过一些特殊事例才能看到普遍原则。只有那些善于处理抽象概念的人,才能不借助事例帮助便轻易地掌握普遍原则。

除了普遍原则之外,另一类自明的真理是直接由感觉得来的真理。我们称这样的真理为"知觉的真理",而把表达这类真理的判断称为"知觉的判断"。但在这里,需要相当多的谨慎方可得到自明真理的确切性质。实际的感觉资料既非真确的也非虚假的。比如说,我所看到的一块特定的颜色,的确就这样简明地存在着的:它不是一个真确的或虚假的事物。的确存在这样一个斑块,的确它有一定的形状和亮度,的确它被其他某些颜色环绕着。但是,就像感觉世界中的其他事物一样,这一块颜色的自身不同于那些或真或假的事物,故此,我们若说它是真确的,并不恰当。这样一来,无论从我们的感官中得到何种自明真理,它们都必然与从感官得来的感觉材料不同。

自明的知觉真理似乎有两种,尽管分析到最后这两种真理可能会合而为一。第一种只是单纯地断言感觉材料的存在而不作任何分析。我们看到一块红色,就会判断"这里有如此这般的一块红色",或者更严格地说"这里有它"。这是直观的知觉判断的一种类型。当感觉的客体很复杂时,我们对它进行某种程度的分析时,就产生了直观的知觉判断的另一种类型。例如,如果我们看到一块圆形的红色,可能会论断说"那块红色是圆形的"。这也是一种知觉判断,但它的性质与前述那个知觉判断的性质有所不同。在现在的判断中,我们单一的感觉材料既有颜色又有形状:颜色是红色的,形状是圆形的。我们的判断就把材料分为颜色和形状，然后凭借"红色是圆形的"这一陈述把它们重新组合。这种判断的另一个例子是"这个在那个的右边"，在这里，"这个"和"那个"是同时被看到。在这种判断中，感觉材料包含着彼此相关的成分，而我们的判断就断言了这些成分具有这种关系。

第二种直觉的判断是记忆（memory）判断，它与感觉判断类似，但又与感觉判断完全不同。由于人们对一个客体的记忆往往伴随着对客体的映像，但映像并不是记忆的组成部分，因此记忆的性质带些混乱的危险，只要注意到，映像属于现在而记忆属于已知的过去，就很容易看出这一点。此外，我们当然能够在一定程度上将映像与记忆中的客体进行比较，因此我们通常在一定范围内知道映像有多大程度的准确度。但是，如果客体不是与映像彼此独立，如果客体不是在某种程度上先于心灵，我们就不可能做这样的比较。因此，构成记忆本质的并不是现在的映像，而是有一个被认为属于过去的客体呈现在心灵中。记忆的事实如果不是就这种意义而言，我们就根本不会知道曾经有过一个过去，我们对"过去"这个词所能理解的，并不会比一个天生盲人对"光"这个词所了解得多。因此，必定存在着直观的记忆判断，而我们关于过去的所有知识在根本上都依赖于这些判断。

然而，关于记忆的这一问题也带来一个难题，因为它很容易出错，人们对一般直观判断的可信度产生怀疑。这个难题解决起来可不轻松。但我们首先尽可能地缩小它的范围。一般说来，经验越鲜明、时间越接近，记忆的可信度也就越大。如果隔壁房子在半分钟前被雷电击中，我对所见所闻的记忆将会非常可靠，以至于怀疑是否有过雷电，会是荒唐可笑的。这同样适用于不鲜明的经验,只要它们是最近发生的:我敢肯定我半分钟之前也坐在现在这把椅子上。回顾这一天,我发现有些事情十分确定,有些事情我差不多可以确定,也有些事情我可以通过一番思索和回忆周遭情形来确定,而还有些事情我就根本不确定了。我很肯定今天早上吃过早餐,但如果我像哲学家那样毫不在乎早餐,我就会怀疑是否吃过早餐了。至于吃早餐时的谈话内容,有些我可以很容易地回忆起,有些则要费一番思索,有些就不确定,还有些我完全想不起来了。因此,我所记忆的内容,其自明的程度有个连续的等级差序,我记忆的可信度和这个等级差序是相应的。

因此,对记忆错误这个难题的第一个回答是,记忆在自明性上有一个等级差序,而这种自明的等级差序和记忆的可信度是相对应的,我们的记忆对新近发生的事和鲜明生动的事,可信度达到完全自明的限度。

然而,在某些情况下人们似乎会非常坚信某种完全错误的记忆。在这些情况下,大概真正记忆的东西就其直接呈现在人们心灵里的意义而言,很可能并不是那个被错误记忆的东西,尽管它通常和被错误记忆的东西有关。据说乔治四世经常说自己在滑铁卢战役中起了重要作用,最后连他自己都这样相信了[1]。在这种情况下,他所直接记忆的只是自己的重复断言。而他对自己所断言事物的信念(如果有),并非来自记忆中的真实事件,而是来自他所能记起的那些断言。错误记忆的情况大概都会因这种方法而产生,这就是说,从严格意义上可以看出,错误记忆根本就不是记忆的真实事例。

---

[1] 乔治四世是乔治三世的儿子,他于1820年继位,滑铁卢战役发生于1815年。滑铁卢战役的指挥者是惠灵顿公爵。

记忆的实例让我们厘清了有关自证性的一个要点，那就是，自明性是有等级差序的：不是一种性质简单的存在或不存在，而是一种性质存在多少，其程度可以从等级上的绝对肯定到几乎察觉不到的微乎其微。知觉的真理和某些逻辑原则，都具有极高程度的自明性；直接记忆的真理，几乎有着同样高的自明程度。归纳法原则的自明性不如其他一些逻辑原则，比如，比起"从真确的前提推导出的结论必然为真确的"。记忆所隔的时间越遥远、越模糊，它们的自明性也会相应越低；逻辑真理和数学的真理越来越复杂，（大概地说）它们的自明性也会越来越低。对内在的伦理价值或美学价值所做的判断，也倾向于有些自证性，但程度并不高。

在认识论中，自明性的程度是很重要的，因为如果命题并不真确但可以（似乎有可能的）具有某种程度的自明性，那就没有必要摈弃自明性与真理之间的一切联系，而仅能说，在出现矛盾的地方，应保留自明性更强一些的命题，而摈弃自明性不够的命题。

然而，知觉判断和记忆判断，这两个不同的概念似乎极有可能结合在上述所解释的"自明性"之中；其中一个概念对应于最高程度的自明性，其实它也是真理一贯正确的可靠保证；而另一个概念则对应于所有其他程度的自明性，并不能给出准确可靠的保证，而只是一种程度或大或小的假定。然而这只是一种提议，现在我们还不能对其有进一步的阐述。待解决了真理的性质问题之后，我们将再回到自明性问题上来，自明性关乎知识与错误的区别问题。

第十二章

真理和虚假

关于真理的认识和关于事物的认识有所不同，真理的知识有个对立面，即错误（error）。就事物而言，我们可以认识它们，也可以不认识它们，但是没有一种肯定的心灵状态可以被视为对事物的错误知识，至少在我们所亲知的知识之内，情形就是如此。无论我们所亲知的是什么，它一定是某种东西；我们可以从亲知中得出错误的推论，但亲知本身却是可靠的。因此，对亲知而言，不存在二元性。但对真理的认识而言，就有二元性了。我们可以相信真确的，也可以相信虚假的。我们知道，在许多问题上不同的人持有不同的和不相容的见解，因此，总会有些信念一定是错误的。由于错误的信念通常和真确的信念一样被人坚持，如何将错误的信念与真确的信念区分开来就成了一个难题。在某个特定情况下，如何知道我们的信念不是错误的呢？这是一个极为困难的问题，对此不可能有完全令人满意的答案。然而，有一个先决问题回答起来要容易得多，那就是：我们所说的真理和虚假是什么意思？本章要讨论的就是这个先决问题。

在这一章中，我们不问如何才能知道一个信念是真确的还是虚假的，而是问：一个信念是真确的还是虚假的，这个问题意味着什么？我们希望，对这个问题的确定答案，能有助于回答哪些信念为真确的这个问题。但是，目前我们只问"什么是真确的"以及"什么是虚假的"，而不是"哪些信念是真确的"以及"哪些信念是虚假的"。将这些不同的问题完全区分开是非常重要的，因它们之间的任何混淆而得到的答案，必定对任何一个问题都不适用。

要发现真理的性质，必须注意三点，这是所有理论都必须满足的三个必要条件：

（1）关于真理的理论，必须是那种承认它有反面（"虚假"）的理论。许多哲学家未能很好地满足这一条件：他们根据人们在思想上认为应该是真理的东西构建了一些理论，于是很难为虚假找到容身之处。在这方面，我们的信念理论必然不同于我们的亲知理论，因为在亲知的情况下，没有必要考虑任何反面。

（2）就真理与虚假的相互关联意义而言，如果没有信念，显然既不会有虚假也不会有真理。假如我们想象一个纯粹物质的世界，那么在这个世界里就没有虚假的位置，尽管它包含了可以称为事实的一切，但就真理和虚假属于同一类事物而言，这个世界不会包含任何真理。事实上，真理和虚假都是信念和陈述的属性；一个纯粹物质的世界因为不包含信念或陈述，因此它也不会包含真理或虚假。

（3）但是，恰与上面所述相反，还应看到，一种信念的真假总是取决于信念本身之外的某种东西。如果我相信查理一世死在断头台上，那么我的信念就是真确的，该信念之所以真确，并非因为我的信念有什么只需通过研究就可以发现的内在性质，而是因为两个半世纪以前发生过的一件历史事件。如果我相信查理一世死在他的床上，那我的信念就是虚假的，无论我这种信念多么鲜明生动、无论我如何谨慎地得出这个信念，都不能阻止它为虚假，其原因同样在于很久以前发生的事情，而非我的信念的任何内在性质。因此，真理和虚假虽然是信念的属性，但这些属性取决于信念与其他事物的关系，而不是取决于信念的任何内在性质。

上述的第三个必要条件促使我们接受这样一种观点：真理存在于信念与事实某种形式的对应之中；整体来说，这种观点在哲学家们那里最普遍。然而，要找到一种无可辩驳的对应形式，绝非易事。部分原因在于这一点，部分原因在于人们认为：如果真理存在于思想与思想之外的某种东西的对应之中，那么思想就永远不可能知道何时获得了真理，许多哲学家都试图给真理找到一个定义，即真理并不存在于信念与完全独立于信念的某种东西的关系中。对这类定义的最重要的尝试，是真理的一致性（coherence）[1]学说。据说，缺乏一致性乃是虚假的标志，而真理的本质就在于它构成了被称为真理的完整大系统的一部分。

然而，这种观点有个很大的难题，或者更确切地说，有两个很大的难题。第一个难题是：我们没有理由假设只可能存在一个一致性的信念体系。一个有着丰富想象力的小说家也许能为这个世界虚构一个过去，而这个虚构的过去完全符合我们所知道的，但又迥异于真实的过去。在更多科学的问题上，可以肯定对某一问题往往有两种或两种以上的假设，可以解释已知的所有事实；

---

[1] 此处的coherence侧重于逻辑的连贯性和先后的一致性，在社科领域（尤其法学界）也称"融贯性"。

在科学研究情形下，尽管科学家们总试图找到一些事实以把所有假说排除得只剩一种，但是他们没有理由总能成功。

在哲学里，两种对立的假说都能解释所有事实，这似乎并不罕见。因此，举例来说，人生可能是一场漫长的梦，外部世界的实在程度不过是梦中客体所具有的那种实在程度而已。然而，尽管这一观点与已知事实似乎并不矛盾，但没有理由认为它比普遍的常识观点更可取，根据普遍的常识观点，其他人和事物确实都存在着。因此，把一致性作为真理的定义是失败的，因为没有证据表明只能存在一个一致性的体系。

对于前述真理的定义，另一个反对意见是，它假定"一致性"的意义是已知的，但事实上"一致性"又以逻辑法则的真确作为前提。当两个命题都可能真确时，它们是一致；当至少有一个命题虚假时，这两个命题就不能一致。现在为了知道两个命题是否都为真确的，我们必须先知道类似矛盾律这样的真理。例如，"这棵树是山毛榉"和"这棵树不是山毛榉"，根据矛盾律，这两个命题不是一致的。但是如果把矛盾规律本身置于一致性的检验之下，我们就会发现，如果我们的假定矛盾律本身是虚假的，那么，就不会再有任何事物与其他事物不一致了。因此，逻辑法则提供了一种框架，一致性检验只能在这个框架内适用；逻辑法则本身不能经由这种检验来确立。

基于上述两个原因，不能把一致性作为给出真理的意义而加以接受，虽然一致性是在一定程度的真确性为人们所知后，对真理的一个重要验证。

因此，我们不得不回到原来的问题——符合事实构成了真理的性质。至于我们所说的"事实"究竟是什么意思，以及存在于信念与事实之间的对应关系的性质又是什么,为使信念可能真确,必须对这些问题做出确切的界定。

根据这三个必要条件,我们必须找到一种真理的理论,它:(1)能容许真理有一个反面,即虚假;(2)使真理成为信念的一种性质;(3)使真理这种性质完全依赖于信念与外界事物关系。

由于必须容许虚假存在,所以就不可能把信念视为心灵与一个单一客体的关系,而这个客体可说是我们所相信之物。如果信念即是如此,我们就会发现,信念将如亲知那样不承认真理的对立面——虚假,从而信念会永远真确。这一点可以用例子作说明。奥赛罗错误地相信苔丝狄蒙娜爱卡西奥。我们不能说这种信念就只在于和单一客体("苔丝狄蒙娜对卡西奥的爱")的关系。因为如果存在这样一个客体,这个信念就会是真确的。事实上并没有这样的客体,因此奥赛罗与这样的客体不可能有任何关系。因此,他的信念不可能存在于与这个客体的关系中。

也许可以说,他的信念与另一个不同客体("苔丝狄蒙娜爱卡西奥")有关。但是,当苔丝狄蒙娜不爱卡西奥时,假定存在这样一个客体,这就和假定存在"苔丝狄蒙娜对卡西奥的爱"几乎同样困难。因此,最好能找到一种关于信念的理论,而这种理论不会使信念存在于心灵与单一客体的关系中。

人们通常认为关系总是存在于两者之间,但事实并不总是如此。有些关系需要三者,有些需要四者,等等。以"在……之间"(between)这一关系为例,如果只有二者,则"在……之间"这一关系不可能存在;三者才是使这种关系成为可能的最小数字。约克位于伦敦和爱丁堡之间,但是,假如世界上只有伦敦和爱丁堡这两个地方，那么在这两地之间就不可能有其他任何东西。同样，嫉妒（jealousy）也需要三者才行[1]：如果不涉及至少三人，这种关系就不可能存在。而像"A希望B能促成C与D的婚姻"这样的命题，则涉及四者的关系；这就是说，该命题所涉及的关系，要把A、B、C、D都纳入进来，而且只能以包含这四者的形式来表达。这样的事例还可以无限地翻番，但我们所说的足以充分表明，一些关系需要有二者以上才能发生。

如果适当地容许虚假，那种必定包含判断或相信的关系，就应被理解为多者之间的关系，而不是两者之间的关系。当奥赛罗相信苔丝狄蒙娜爱卡西奥的时候，在他的心中一定不只有一个单一客体——"苔丝狄蒙娜对卡西奥的爱"或"苔丝狄蒙娜爱卡西奥"，因为这个单一客体还需要有一个客观的虚假，而这个客体的虚假是独立于任何心灵而存在的。尽管这种见解在逻辑上不可反驳，但如有可能，这种见解应该避而不用。因此，如果我们把判断视为一种关系，在这种关系中，心灵和各种有关的客体都分别各自发生，其虚假就比较容易解释；也就是说，苔丝狄蒙娜、爱和卡西奥必须都是"奥赛罗相信苔丝狄蒙娜爱卡西奥"中的关系项。因此，这种关系是一种四者关系，因为奥赛罗也是其中一个关系项。当说这是一个四项关系时，并不是说奥赛罗与苔丝狄蒙娜有某种关系，不是说奥赛罗与爱有同样的关系，不是说奥赛罗和卡西奥有同样的关系。除了相信，在别的关系上可能也是这样。但是，显然，"相信"并不是奥赛罗与相关三者中的每一方所具有的关系，而是他对所有这三项所具有的关系。只存在一个

---

1 在英语中，jealousy通常形容二人之间拥有某物（一般多指关系、情感等），引发了其他人的嫉妒。因此文中说"嫉妒（jealousy）也需要三者才行"。

涉及"相信"的关系，但是这一个关系就把四者都联结在一起。因此，当奥赛罗心怀他的信念的那一刻，实际所发生的事情是，被称为"相信"的关系，把奥赛罗、苔丝狄蒙娜、爱和卡西奥这四者联合成一个复合的整体。所谓信念或判断，乃是这种把心灵与心外之物联系起来的信念或判断的关系。信念或判断的行为，是某一特定时间内、在多者之间所发生的信念或判断关系。

现在能理解是什么使真理的判断区别于虚假的判断。为此，我们要采用某些定义。在每一个判断行为中，都有一个执行判断的心灵，并且还涉及该判断的各项。我们将做出判断的那个心灵称为判断的主体，其余的各项则为客体。因此，当奥赛罗判断苔丝狄蒙娜爱卡西奥时，奥赛罗（的心灵）是主体，而客体是苔丝狄蒙娜、爱和卡西奥。主体和客体一起称为判断的组成成分。可以看到，判断关系具有所谓的"意义"或"方向"。可以打个比方，判断关系把判断的各个客体置于一定的次序中，这种次序可以通过句子中单词的顺序来表示。（同一情形也体现在有变格的语言中，例如，主格和宾格的区别。）奥赛罗的判断"卡西奥爱苔丝狄蒙娜"和判断"苔丝狄蒙娜爱卡西奥"是不同的，尽管这两个判断都是由相同的成分构成的，但因为判断的关系把这两种成分置于不同的次序中。同样，如果卡西奥判断"苔丝狄蒙娜爱奥赛罗"，判断的组成成分仍然是相同的，但次序不同。判断关系具有感觉或方向性的性质，也是一切其他关系所共有的属性。关系的"意义"在于次序、系列和许多数学概念的最终根源，但我们此处不需要进一步深究这方面的问题。

我们讨论过，被称为"判断"或"相信"的关系，是把主体和客体结合为一个复合的统一体。在这方面，判断与其他的关系完全相同。当两者或多者存在判断关系时，它将这些项联结为一个复合的统一体。如果奥赛罗爱苔丝狄蒙娜，那么就有了"奥赛罗爱苔丝狄蒙娜"这样一个复合统一体。由这种关系所联系起来的各方，其本身可以是复合的，也可以是简单的，但它们通过联系而产生的整体必然是复合的。凡是有一个把某几方联系起来的关系，那么就必然有一个由这几方结合构成的复合客体；反之亦然，只要存在一个复合客体，就会有一个把它的各组成成分联系起来的关系。当一个"相信"行为发生时，就会有一个复合体，在复合体中，"相信"是把主体和客体各方联结在一起的关系。根据"相信"关系的"意义"，主体和客体按一定的次序排列。正如在考虑"奥赛罗相信苔丝狄蒙娜爱卡西奥"时我们所看到的，在客体之中必有一者是一种关系——在这个事例里，这种关系是"爱"。但这种关系，就像在信念行为中所产生的那样，并非创造了包括主体客体的复合统一体的一致性的那个关系。"爱"这一关系出现在"相信"行为中，它是"相信"行为的客体之一——它是建筑物中的一块砖，而不是更广泛意义上的结构中的一块砖，也不是黏合砖块的水泥。水泥才是那个"相信"关系。如果奥赛罗的这个信念是正确的，就必定有一个复杂统一体，在这个统一体中，信念的一个客体作为关系把其他客体联系起来。举例来说，如果奥赛罗相信苔丝狄蒙娜爱卡西奥，且这一信念是真确的，那么，"苔丝狄蒙娜对卡西奥的爱"这一复合统一体，完全是由信念的各个客体所构成的，各个客体的次序与信念中的客体次序是相同的，而其中的一个客体就是关系，这个关系是把其他客体联系在一起的水泥式的黏合剂。另外，当一种信念是虚假的，就不存在这种仅仅由信念的客体所组成的复合统一体。如果"奥赛罗相信苔丝狄蒙娜爱卡西奥"这一信念是虚假的，那么就不存在"苔丝狄蒙娜爱卡西奥"这样的复合统一体。

因此，当一种信念与某个相关的复合体相符时，它就是真确的；否则就是虚假的。为了明确起见，假定信念的客体包括两者和一种关系，而这两者按照信念的"意义"排成某种次序，如果这两者按照所排列的次序被关系结合成为一个复合体，那么这个信念就是真确的；否则就是虚假的。这就形成了我们一直寻找的真理的定义和虚假的定义。判断或信念是某种复杂的统一体，心灵是其组成成分之一；如果其他各个成分与信念有相同的次序，结果构成一个复合统一体，那么这个信念就是真确的；否则就是虚假的。

因此，虽然真理和虚假都是信念的性质，但在某种意义上，它们都是外在的性质，因为一种信念的真实，其条件并不涉及信念，或都说（一般地）也根本不涉及任何心灵，它仅涉及信念的客体。当存在一个与心灵相符的复合体，而这个复合体并不涉及心灵，只涉及心灵的客体时，这个有信念的心灵所相信的才是正确的。心灵与复合体的这种相符，是真正的保证，如果没有这种相符就意味着虚假。因此，我们同时说明了关于信念的两个事实：（a）信念的存在依赖于心灵；（b）信念的真理不依赖于心灵。

可以将我们的理论重申如下：如果以"奥赛罗相信苔丝狄蒙娜爱卡西奥"这个信念为例，我们可以把苔丝狄蒙娜和卡西奥称为"客体项"，把爱称为"客体关系"。如果存在"苔丝狄蒙娜对卡西奥的爱"这一复合统一体，其中包括由客体关系所联结的客体项，其客体次序与信念中的次序相同，那么这种复合统一体就被称为与信念相符的事实。因此，一个信念，当存在一个与它相符的事实时，它就是真实的，当不存在与它相符的事实时，它就是错误的。

可以看出，心灵并不创造真理或虚假。心灵创造信念，然而信念一旦被创造出来，心灵并不能判断它们是真实的还是虚假的，除非在某些特殊情况下，有些信念涉及未来事物而这些事物在人的信念能力范围内，比如赶火车。使信念为真的是某个事实，而这一事实在任何方面（特殊情况除外）都不涉及拥有这种信念的人的心灵。

现已明确我们所说的真理和虚假的含义，接下来我们要考虑有什么方法可以知道各种信念是真确的还是错误的。下一章将讨论这个问题。

第十三章

知识、错误和可能的观点

上一章中讨论的关于真理和错误的意义问题，相比何为真理、何为错误，就不那么重要了。本章将讨论何为真理、何为错误这一问题。毫无疑问地说，我们有些信念是错误的；因而我们被引导着询问：我们究竟能有多大把握证明各式各样的信念不是错误的？换句话说，我们究竟是真的完全认知事物，还是仅仅因为侥幸而相信了那些知识是真确的？在着手解决这个问题之前，必须首先确定我们所说的"认知"究竟是什么意思，而这个问题并不像人们想象得那么简单。

乍一看，我们可能会认为知识的定义是"真确的信念"。当我们所相信的事物是真确的，可能就会认为自己已经有了对所相信的事物的知识。但是这样会与"知识"这个词的惯常认知不一致。举一个小小的例子：如果一个人相信已故首相的姓氏以字母B开头，他所相信是真确的，因为已故首相是亨利·坎贝尔·班纳曼爵士[1]。但是，如果他相信贝尔福[2]先生是已故的首相，他仍然会

---

[1] 亨利·坎贝尔·班纳曼爵士（1836—1908），1905—1908年任英国首相。
[2] 阿瑟·贝尔福（1848—1930），1902—1905年任英国首相。

相信这位已故首相的姓是以B开头的，虽然这个信念是真确的，却不能视为构成了知识。如果一家报社在收到电报信息之前，就明智地预言了一场战役的结果，出于好运，它所宣布的结果后来被证实正确，而且可能会使一些缺乏经验的读者对其产生信任。但是，尽管这些读者的信任是真确的，却不能说他们拥有了知识。因此显然可见，从一个虚假的信念中推演出来的真确的信念，并不是知识。

同样地，如果一个真确的信念是从一个错误的推理过程推演出来的，即使推演的前提是真确的，也不能称为知识。如果我知道所有希腊人都是人，而苏格拉底是人，于是我推断苏格拉底是希腊人，那就不能说我知道苏格拉底是希腊人。因为我的前提和结论虽然都是正确的，但结论并不是由前提推演出来的。

但是，我们是否能说，除了从真确的前提有效推演出来的，其他东西就不是"知识"了呢？显然不能这么说。这样的定义同时既过于宽泛又过于狭窄。首先，它之所以过于宽泛，因为前提须为真确的，他们必然是可以被认知的。相信贝尔福先生是已故首相的人，可以从"已故首相的名字以字母B开头"这一真确的前提，进行有效的推演，但不能说他知道了依据这些推演而得出的结论。因此，必须修正我们说知识是从已知前提中有效推演出来的那个定义。然而，这是一个循环定义，它假定我们已经知道"已知前提"的意义。因此，这个定义充其量不过是定义了一种知识，我们称为派生知识，派生知识是与直观知识相对立的。我们可以说："派生知识是从直观认识的前提有效地推演出来的东西。"这种说法没有形式上的缺陷，但它给我们留下了关于直观知识定义的问题，仍有待探讨。

现在我们把直观知识的问题暂时搁置，先研究上述所派生出的知识定义问题。反对这个定义的主要理由是：该定义过度地限制了知识。此种情形经常发生：人们怀有一种真诚的信念，这种信念之所以在他们心中产生，乃是因为这种信念可以从直观知识的一些片段中有效地推论出来；事实上，这种直观知识并非经由任何逻辑过程推论出的。

以阅读产生的信念为例。如果报纸刊发了国王去世的新闻，我们就有充分的理由相信国王已经去世了，因为如果国王去世这件事是虚假的，报纸就不会刊布这样的新闻。我们有充分的理由相信报纸的断言：国王去世了。但在这里，我们的信念所依据的直观知识，是通过看到提供新闻的印刷品而派生出的有关感官资料存在的知识。这种知识很难呈现在人的意识之中，除非一个人缺少阅读能力。一个小孩子可能会意识到每个字母的形状，然后一点儿一点儿地、吃力地阅读，才能领悟它们的含义。但是，任何一个习惯阅读的人都能立刻理解每个字的含义，除非他经过有意识的反思，否则不会觉察到自己是从被称为"看到印刷字"这种感觉资料中获取知识的。因此，尽管要根据每个字来有效推断它们的意义是可能的，并且读者也能够执行这一过程，但实际上并没有这样逐个字母地执行推断过程，因为读者事实上并没有执行任何可以称为逻辑推理的操作。但是，如果说读者不知道报纸刊布了国王去世的新闻，则是荒谬的了。

因此，凡是直观知识的结果，即使是只凭联想的结果，只要有一种有效的逻辑联系，而当事人可以经由反思觉察到这种联系，我们就应该承认它是派生的知识。除了逻辑推理之外，事实上还有许多方法可以使我们从一种信念过渡到另一种信念：从印刷文字过渡到它的意义,就是说明这些方法的一个例子。可以把这些方法称为"心理的推断"。只要有一种可发现的与心理推理并行的逻辑推理,我们就可以承认这种心理推理是获得派生知识的一种方法。因为"可发现"这个词意义是模糊的——它没有告诉我们需要多少思考才能发现,这使得我们对派生知识的定义不如我们所期待的那样精准。但是事实上,"知识"并不是一个精准的概念,它与"或然性意见"混淆在一起,这一点我们将在本章进一步详加说明。由于任何定义总归都会引起或多或少的误解,因此没有必要寻求一个非常精准的定义。

然而,当谈到知识时,主要困难并不是发生在派生知识上,而是发生在直观知识上。只要研究的是派生知识,我们就可以依靠直观知识对其检验。但是关于直观的信念而言,要找到某个标准来区分哪些信念是真确的、哪些信念是虚假的,绝非易事。关于这一问题,几乎不可能得到任何非常精准的结果:我们关于真理的全部知识都带有一些存疑,而忽视这一事实的理论显然是错误的。虽然如此,我们可以采取一些补救措施来减少这个问题的困难。

首先,我们的真理理论提供了这样的可能性:在确保绝无错误这种意义上,可以把某些真理区分为自明的。当一种信念为真确的,这时候我们可以说,存在一个和它相应的事实,在这个事实中,信念的若干客体构成了一个单独的复合体。只要这些信念能满足本章所讨论的那些尚未进一步明确的条件,我们就可以说这种信念构成关于这个事实的知识。但就任何事实而言,除了由信念所构成的知识之外,我们还可以有一种由知觉所构成的知识(此处从最宽泛的用法上来理解"知觉"这个词)。例如,如果你知道日落的时间,你就能在那个时间知道日落这一事实:这是通过真理的知识所得到的关于事实的知识。但是,如果天气好,你也可以举目西望,确实看到正沉沉落去的太阳,这时你是通过事物的知识而知道同样的事实。

因此,对于任何复杂的事实,理论上总有两种方法可以认识它:(1)通过判断。在判断中,事实的各个部分被认定是按其实际方式而关联在一起;(2)通过对复杂事实本身的认识。这种认识(在广泛的意义上)被称作知觉,尽管这种知觉并不囿于感觉的客体。现在可以注意到,认识复杂事实的第二种方法,即认识的方法,只有在事实确实存在的情况下才有可能;而第一种方法,像一切判断一样,很可能会出错。第二种方法把复杂事物的整体提供给我们,因此只有当整体的各部分之间确实具有使它们结合为复杂整体的一种关系时,这种认识才是可能的。第一种方法与之相反,它是把各部分和它们的关系分别地提供给我们,并且只要求各部分和它们间的关系是实在的:关系也许不是按照判断的方式把各部分联系起来,但仍能得出这一判断。

应当记得在第十一章结束时,我们曾提出可能有两种自明性,一种提供了对真理的绝对保证,另一种则只提供部分的保证。现在我们可以对这两种自明性加以区分了。

可以说,当我们认识与真理相对应的事实时,从首要和绝对意义上讲,这个真理就是自明的。当奥赛罗相信苔丝狄蒙娜爱卡西奥时,如果他的信念是真确的,那么与之相应的事实将是"苔丝狄蒙娜爱卡西奥"。这件事实,除了苔丝狄蒙娜以外,谁也不可能亲知。因此,在我们所考虑的自明的意义上,苔丝狄蒙娜爱卡西奥的真理(假定它是个真理)只对苔丝狄蒙娜是自明的。所有的心灵事实和所有的关于感觉材料的事实,都含有同样的私人性:由于只有一个人能亲知有关的心灵事物或感觉材料,所以就我们目前讨论的自明意义而言,它们只对那一个人是自明的。因此,一切事实,只要是有关特殊存在事物的事实,不能对一个以上的人都是自明的。另一方面,关于共相的事实却没有这种私人性。许多人都可能亲知相同的共相,因此共相之间的关系可以为许多不同的人所亲知。在任何情形下,当通过亲知而知道一个由某些项按照某种关系构成的复杂事实时,我们可以说关于这些项之间是如此联系起来的这一真理,具有首要的或绝对的自明性。在这些情形下,关于这些项之间有这种联系的判断必定是真确的。因此,这种自明性是对真理的一个绝对保证。

尽管这种自明性是真理的绝对保证,但它并不能使我们就任何给定的判断都能绝对地肯定其为真确的。假设我们首先觉察到"太阳正闪耀"这一复合事实,随即便可以做出"太阳正闪耀"的判断。在从知觉过渡到判断的过程中,是必须对给定的复杂事实进行分析的:我们必须把太阳和闪耀作为事实的组成部分分开。这一分析过程有可能会出错。因此,即使一件事实具有首要的或绝对的自明性时,一个被认为符合事实的判断也不是绝对不错的,因为它可以并不真正地和事实相应。但如果它和事实相应(在上一章所解释的"相应"意义上),那么它就必然是真确的。

第二种自明性,主要属于判断,并不是从一件事实直接知觉为一个单独的复杂整体而得来。第二种自明性有程度上的差异,它能从最高限度一直递减到仅仅支持这种信念的某种倾向。比如,一匹马沿着一条路面坚硬的大道从我们身边小跑而去。起初,我们完全确信自己听到了马蹄声;渐渐地,如果认真地倾听,会有那么一刻我们以为是声音也许是想象的,也许是楼上百叶窗响,也许是我们自己的心跳声;之后,我们开始怀疑是否有声音;最终,我们知道我们什么都听不见了。在这个过程中,有一个从最高限度到最低限度的连续的自明性等级,这种等级并不是在感觉材料本身中,而是在基于这些感觉资料所做的判断里。

或者再举一例。假设我们比较两种色度的颜色,一种是蓝色,一种是绿色。我们可以很肯定地说,它们是两种不同色度的颜色。但是,如果让绿色逐渐变得越来越像蓝色,于是它首先变成蓝绿色,然后变成绿蓝色,再变成蓝色,那么就会有这样一个时刻:我们怀疑自己能否看出它们的任何区别;然后又会有一个时刻:我们知道自己看不出任何区别。同样的事情也会发生在乐器调音时,或者任何其他有连续等级存在的情形中。因此,这种自明性是个程度问题;显然,较高程度似乎要比较低程度更加可靠。

在派生知识中,我们的根本前提必须有相当程度的自明性,前提和由前提所推演出的结论之间的联系也必须是自明性的。以几何学中的一段推理为例。我们开始所依据的公理必须是自明的,但这还不够;推理的每一个步骤,其前提和结论的联系也必须是自明的。在困难的推理中,这种联系的自明性在程度上往往是很低的;因而在困难很大时,出现推理错误并非不可能。

根据上述,明显可见,就直观知识和派生知识而言,如果我们假定直观知识的可靠程度与其自明性的程度成正比,那么从值得注意的感觉资料的存在、逻辑及算术的简单真理(这些可认为是十分肯定的），到那些或然性比其反面只大一点儿的判断为止，会存在一个可信性的等级。我们坚信的东西如果是真的，就叫作知识，无论它是直观的，还是用逻辑方法（逻辑地或心理地）从直观知识推断出来的。我们坚信的东西如果不是真的，就叫作错误。我们坚定地相信的东西，如果既不是知识也不是错误，以及我们带着犹豫而相信的东西，可以称为或然性的意见，因为它没有最高的自明性或是从某种没有最高限度的自明性的东西得出的。因此，大部分通常作为知识的东西，多多少少都是或然性的意见。

关于或然性的意见，我们可以从一致性中得到很大的帮助，我们曾拒绝把一致性作为真理的定义，但常常把一致性作为一个标准。一组各自独立的或然性意见，如果它们相互一致贯通，那么这一组意见就会比其中任何一个单独意见的或然性更大。正是如此方式，科学上的许多假设才获得了或然性。它们被纳入由各种或然意见组成的一致、连贯的一个体系，因而比单个意见具有更大或然性。同样情形也适用于哲学上的一般假设。通常单个事例的假设似乎极为可疑，然而，当我们考虑到它们把秩序和一致性引进诸多或然性意见时，它们就几近可靠了。这尤其适用于区分梦境和现实生活这类问题。如果我们的梦境夜复一夜地像白天生活那样一致连贯，我们几乎不知道是该相信梦还是该相信现实生活。事实上，一致性检验否定了梦境，却确证了现实生活。然而，这种检验虽然在成功的地方增进了或然性，却永远不能给出绝对的可靠性，除非在一贯的系统的某个点上有了相当程度的可靠性。因此，仅仅把或然性意见组织起来，这种做法本身永远不能把或然性意见转变为不容置疑的知识。

第十四章

哲学知识的范围

我们关于哲学的讨论，至此几乎还没触及许多在大多数哲学家著作中占据很大篇幅的问题。大多数哲学家——至少是很多哲学家——都宣称能够通过先验的形而上的推理来证明诸如宗教的基本信条、宇宙的根本合理性、物质的虚幻性、一切恶的非实在性等等。毫无疑问，众多穷尽一生的哲学研究者一心希望找到理由使人相信这类论点，而这种希望一直是鼓舞他们的主要动力。我认为，他们的这种希望是徒劳的。关于宇宙整体的知识似乎不能通过形而上学来获取，而且根据逻辑法则所提出的此种或彼种事物存在与否的证明，似乎是经不起批判性的深入推敲的。在本章中，我们将简要考察这种推理方法，以探明我们能否期望这种推理有效。

黑格尔（1770—1831）是我们所要研究的这种观点的伟大代表者。黑格尔的哲学晦涩难懂，评论家们对黑格尔哲学的真实诠释也各执一词。我将要采取的解释，即使不是大多数诠释者的观点，也代表了许多人的见解。黑格尔提出了一种有趣而又重要的哲学类型。依据我所采用的这种解释，他的主要论点是：任何未达整体性的东西，显然是片段的，如果没有世界上其他部分作补充，显然它是不可能存在的。按照黑格尔的观点，正如一位比较解剖学家能从一根骨头看出整个动物应该的全貌，一位形而上学者应该也有从实在的任一片段看出实在的整体是什么样子——至少看出其大致轮廓。表面各自独立的每一个实在的片段，似乎都有套钩把它钩到下一个片段上；而下一个片段依次有新的套钩，以此类推，直至整个世界得以重构。黑格尔认为，这种本质上的不完全性同样存在于思维世界和物质世界中。在思维世界里，如果我们任取一个抽象的或不完整的观念，经过一番研究就会发现，如果我们忘记了它的不完整，就会陷入矛盾之中；这些矛盾使我们所讨论的观念变成它的反面或反题；为了避免此种情形，我们必须找到一个比较完整的新观念，此观念就是我们先前任取的那个观念与其反题的综合。这个新的观念虽然比我们开始时的观念要完整些，但仍然不是完全的，而是它也会变成自己的反题，结果它必然与它的反题又结合出一个新的综合。黑格尔以如此方式步步推进，直至达到"绝对观念"。根据他的见解，绝对观念没有不完整，没有对立面，也无须更进一步的发展。因此，绝对观念是足以描述绝对实在的。但一切较低级的观念都只是把实在描述成按局部看到的样子，而不是同时通盘考察整体时所看到的样子。黑格尔因而得出这样的结论：绝对实在形成了一个单独的和谐体系，它是超空间或超时间的，不包括任何程度的恶（evil），是完全理性和完全精神的。我们所认知的世界都可以被逻辑地证明——黑格尔是这样认为的，任何与此相反的现象则完全是因为我们以局部观察的方式来看待世界。如果我们用上帝那样的视角来看待整个宇宙，那么空间、时间、物质、恶及所有的努力和斗争，都将消失不见；我们所看到的，应是一个亘古长存、完美无缺、永恒不变的精神统一体。

在这个概念中，不可否认地有一些崇高的东西，一些让我们愿意让步以赞同的东西。然而，当仔细研究那些支持它的论证时，会发现这些论证似乎包含许多错乱和许多无法保证其确定性的假设。黑格尔的这个亘古完美精神体系得以建立的基本原则是：一切不完整的事物必定是不能自存的，而必须先得到其他事物的支持才能存在。黑格尔坚持的理由是，凡是与自身以外的事物有联系的事物，在其自身的性质中必然包含着与这些外部事物的某些关系。因此，如果自身之外的这些事物不存在，这件事物也就不能成其为它自己。例如，一个人的性质是由他的记忆、他的其他知识、他的爱恨情感等构成的。因此，如果没有他所知的、所爱的或所恨的客体，他就不可能成其为他自己了。显然他基本上只是一个"片段"：如果把他作为实在的总和，他就会自相矛盾、不能自洽。

然而，这整个的观点都是建立在事物"性质"概念之上的，而"性质"的概念似乎是指"关于该事物的一切真理"。当然，如果一件事物不存在，那么将这件事物与其他事物联系起来的真理就不可能存在。但是，关于某事物的真理并非该事物自身的一个部分，尽管根据上述的说法，这些真理必须是事物"性质"的一部分。如果我们所说的一个事物的"性质"是指关于该事物的全部真理，那么，除非我们知道该事物与宇宙中所有其他事物的一切关系，否则我们显然不能知道一种事物的"性质"。然而，如果在这种意义上使用"性质"一词，我们就必须持有这样的见解：在不知道一件事物的"性质"时，或者至少是不完全知道其性质时，我们还是可以知道这件事物的。当"性质"一词在这种意义上使用时，对事物的认识和对真理的知识就会发生混淆。我们可以通过认识而对某一事物具有知识，即使我们对关于它的命题知之甚少——理论上，我们并不需要知道任何关于它的命题。因此，对一个事物的亲知并不包括上述意义上的对"性质"的知识。虽然认识一个事物包含在我们对该事物的所有命题的知识之中，但对该事物在上述意义上的"性质"的知识却不包含在内。因此，（1）认识一个事物，在逻辑上并不包括关于该事物的各种关系的知识；（2）知道一个事物的某些关系，并不意味着知道有关该事物的全部关系，也不意味着知道它在上述意义上的"性质"。例如，无需牙医（他并不亲知我的牙痛）告诉我牙痛原因，我可以亲知自己的牙痛，而这种亲知的知识是充分完备认识的知识，而我并不知道牙痛在上述意义上的"性质"；所以一个事物具有各种关系这一事实，并不证明它的那些关系在逻辑上是必要的。这就是说，仅仅从事物是它本身这一事实，我们不能推论出事物一定具有它事实上所具有的各种关系。这似乎（seem）是可行的，因为我们已经知道了它。

由此可见，我们无法证明宇宙如黑格尔所认为的那样，作为一个整体形成一个单独的和谐体系。但如果我们不能证明这一点，也就不能证明空间、时间、物质和恶的非实在性，因为这是黑格尔根据这些事物的片段的性质和关系的性质而演绎出来的。因此，我们只能对世界进行碎片式研究，而无法认知那些与我们的经验相去甚远的宇宙各个部分的性质。这个结果，虽然令那些因哲学家们所提出的体系而满怀希望的人大为失望，它却符合我们这个时代的归纳法和科学气质，并且为我们前面几章中对人类知识的全面考察所证实。

许多形而上学者最具雄心的伟大尝试，就是试图证明实际世界的此种或彼种的外表特征都是自相矛盾的，因此实际世界不可能是实在的。然而，近代思想的整个趋势却越来越趋向于表明这些假定的矛盾是虚假的，而且表明从我们对于事物必然是如何的这类考虑中，能先验地证明的事物是很少的。空间和时间可以很好地说明这一点。空间和时间在范围上似乎都是无限的，而且是无限可分的。假如我们沿着一条直线向任意方向行进，很难相信最后能到达一个终点，在此终点之外万物皆无，甚至连空间也不存在。同样，如果我们想象在时间里向后或向前旅行，也很难相信会到达时间的起点或终点，在此点之外连虚空的时间都不存在。因此，空间和时间在范围上似乎是无限的。

再者，如果我们在一条直线上任取两点，显然无论它们之间的距离有多小，它们之间还存在其他点：每一段距离都可以二分减半，再二分减半，以此类推，无限地二分下去。时间也有类似同样的情形。在时间上，无论两个时刻之间相隔的多么短促，显然在它们之间还会存在一些其他时刻。因此，空间和时间似乎无限可分。但是，哲学家们提起的一些论证却与这些明显的事实——无限的范围和无限的可分性——相反，他们试图指明不可能存在无限的事物的集合，空间中的点的数量或者时间中的瞬间的数量必定是有限的。如此一来，时间空间的明显性质和假定中不可能的无限集合之间，二者出现了矛盾。

康德是最先强调这种矛盾的人，他演绎出空间和时间的不可能性，并宣称时间和空间都只是主观的。自他以后，许多哲学家认为空间和时间都只是纯粹现象，而不相信它们是真实世界的性质。然而，由于数学家们尤其是格奥尔格·康托尔的努力，现在看来"无限聚集的不可能性"是错误的。这些观点实际上并非自相矛盾，而仅仅是某些相当顽固的心理偏见所导致的矛盾。因此，认为空间和时间不实在的那些理由已经变得无效，形而上学思想结构的一个重要源泉便枯竭了。

但数学家们并不满足于证明人们通常所认为的空间是可能的；他们还证明了在逻辑所能验明的范围内，有许多其他形式的空间也同样是可能的。欧几里得的一些定理，就常识看来是必要的，先前也被哲学家们认为是必要的，但是我们现在知道它们的必然性，仅仅是因为我们熟悉实际空间，而并不是来自任何先验的逻辑基础。数学家们通过想象出使欧几里得定理无法生效的空间，从而用逻辑动摇了常识的偏见，并且表明可能有些空间或多或少与我们生活于其中的空间不同。其中有些空间与欧几里得空间差别很小（欧几里得空间可以测距），因此仅仅通过观察，是不可能发现我们所生活的实际空间是严格地属于欧几里得空间，还是属于其他类型的那些空间。这样，情况就完全颠倒了：先前，经验似乎只给逻辑留下了一种空间，而逻辑却表明这种空间是不可能的；现在，逻辑独立于经验而提出了许多种空间，而经验只能在其中做出部分的决定。因此，虽然我们关于"是什么"的知识比先前所认为得要少，但我们关于"可能是什么"的知识却大大地增加了。我们发现自己不再囿于每个角落和缝隙都可以探索的狭隘四壁之中，而是处于一个充满自由可能性的广阔世界中，在那里还有很多未知，因为那里要知道的东西太多了。

空间和时间情形中所发生的事情，在某种程度上也在其他方面出现了。用先验的原则来规定宇宙的尝试已然失败；逻辑不再像先前那样是各种可能性的障碍，而成为人们想象力的伟大解放者。逻辑提出了无数方法，都不是不经思考的常识所能理解的；如有可能，逻辑还把抉择的任务留给经验，让经验在逻辑提出的许多世界之中来为我们做出抉择。这样，关于一切存在的知识，就局限于我们从经验所能知道的东西，而不是局限于我们能实际经验的东西，因为正如我们已经看到的，有许多描述的知识是关于我们并没有直接经验的事物的。但是，我们都需要共相之间有一定关系使我们能够从这样或那样的资料中，推论出我们的资料所表征的某种客体。例如，就物理客体而言，关于感觉材料是物理客体的表征的这个原则，它本身就是共相的一种关系；正是借由这一原则，经验才使我们能够获得关于物理客体的知识。同样道理也适用于因果律，或者降格适用于普遍性较差的原则，比如万有引力定律。

像万有引力定律这样的原则，是通过经验与一些完全先验的原则（如归纳法原则）相结合而得以证明的，或者说通过这种结合而得以表现出极大的或然性。因此，直观知识作为所有其他真理知识的源泉，有两种类型：一类是纯粹经验知识，它告诉我们关于我们所亲知的特殊事物的存在和某些性质；另一类是纯粹先验知识，它告诉我们关于共相之间的关系，使我们能够从经验知识所给出的特定事实中做出推论。我们的派生知识永远依赖于一些纯粹先验知识，通常也依赖于一些纯粹经验知识。

如果上述所说是正确的，那么哲学知识与科学知识就没有本质上的区别；没有任何特殊的智慧之门只对哲学而不对科学打开，哲学所得到的结果与科学所得到的结果并没有根本的不同。哲学的本质特征是批判主义，这使哲学研究成为一门区别于科学的学问。哲学对科学和日常生活中所采用的原则都批判性地加以研究，它要找出这些原则中可能存在的任何不一致之处，只有在经过批判性的研究而没有发现可以否定这些原则的理由时，才把这些原则作为批判研究的结果予以接受。正如许多哲学家所认为的，如果科学所依据的那些原则脱离了不相关的细节之后，能够提供关于宇宙的整体知识，那么这种知识就和科学知识一样地要求我们相信它。但是，我们的研究并没有揭示出任何这样的知识，因此就更为大胆的形而上学者的特殊学说而言，得到的结果主要是消极否定的。但被普通人作为知识而接受的东西，我们的结果主要是肯定的；我们很少能找到可以否定这种知识的理由，作为我们的批判的结果，我们也没有找到任何理由认为人类无法掌握通常认为其所具有的那种知识。

但是，当我们说哲学是一种批判的知识时，必须设定一个确切范围。倘使我们采取完全怀疑主义者的态度，把自己完全置身于一切知识之外，又从这个外部位置要求必须回到知识的范围之内，那么我们所要求的就是不可能之事，而这种怀疑主义也永远不可能被人驳倒。因为所有的反驳都必须从争论者共有的某种知识开始；任何争论都不能开始于空洞无物的怀疑。因此，哲学对知识的批判如果想取得任何结果，所运用的批判知识就不能是这种破坏性的。对于这种绝对的怀疑主义，我们无法提出任何合乎逻辑的反驳。但是，这种怀疑是不合理的，这一点不难看出。笛卡尔的"方法论的怀疑"是近代哲学的开端，并不是这种怀疑，而是我们所主张的哲学本质的那种批判方法。他所谓的"方法论的怀疑"乃是怀疑一切看似可以怀疑的东西；对每个看似明显的知识，他都会停下来问自己，经过反思是否能确定自己真的知道它了。这就是构成哲学的那种批判方法。有些知识，例如关于感觉材料存在的知识，无论我们如何冷静而彻底地思考它们，它们似乎也表现得不容置疑。关于这种认识，哲学批判并不要求我们放弃相信它。但是有些信念——例如，相信物理客体与我们的感觉材料完全相似——直至我们开始反思之前，它一直被我们接受，但在经过近距离深入研究后，我们先前的信念却消散了。除非找到新的论点来支持这类信念，否则哲学会要求我们拒绝这些信念。但是有些信念，无论我们如何仔细地检视，它们似乎仍是无法反驳的，要摈弃这样的信念是不合理的，而且也不是哲学所要提倡的。

简言之，批判的目的并不是毫无理由地摈弃每种显而易见的知识，而是对每种显而易见的知识的价值加以考察，并在考察之后，保留所有看来仍是知识的东西。必须承认，这样做仍然存有犯错风险，因为人类难免会犯错。但哲学可以公道地宣称，它减少了犯错误的风险，而且在某些情况下，它使这种风险小到几乎可以忽略不计的程度。在这个必然会发生错误的世界里，不可能比这做得更好了，而且也没有审慎的哲学倡导者声称他们能比这做得更好。

第十五章

哲学的价值

现在,我们对哲学问题进行的简短而远不完善的评论即将结束,在结语部分,我们最后再考虑一下:哲学的价值是什么,为什么应该研究它?许多人在科学或现实影响下,往往产生怀疑:相比那些既无关利害又微不足取的琐碎区分,相比在那些知识未能企及的问题上的争论,哲学能比它们好到哪里去?考虑这一问题,是相当有必要的。

对哲学的这种看法的产生,一部分是由于对人生目的的错误认识,一部分是由于对哲学所力争达成的益处(good)的错误认识。物理科学通过发明创造,使得无数完全不了解这门学问的人,也已认识到它是有用的。因此,自然科学研究之所以受人推崇,与其说是因为或主要因为它对研究者的影响,不如说是因为它对整个人类的影响。但这种实用性,却不属于哲学。除了对于哲学学者有一些价值以外,如果说哲学研究对其他人有任何价值也都只能是间接的,通过影响研究者的生活而间接地发生作用。因此,哲学价值(如果有的话)必须首先求诸这些影响效果。

但是,更进一步说,如果我们想在确定哲学价值的努力中不失败，首先必须把我们的思想从那些被错称为"实用性的"人的偏见中解放出来。"实用性的"人，正如这个词的通常用法，是指一个只认识到物质需求的人，他知道人们必须为身体提供食粮，却忘记为心灵提供食粮的必要性。即使所有的人经济充裕，即使贫穷和疾病都尽可能地减少到最低限度，要创造一个有价值的社会，仍有许多事情要做；即使在当下的世界里，心灵所需食粮至少是和肉体所需之物同样重要的。哲学的价值只有在心灵所需食粮中才能找到；只有那些不漠视心灵食粮的人，才会信服哲学研究并非浪费时间。

　　哲学和其他学科一样，主要以获取知识为目标。哲学所追求的知识，是那种使科学的主体具有统一性和系统性的知识，是那种通过批判我们的信念、偏见和信念依据而得到的知识。但是，我们不能说哲学在为它自己的问题提供明确答案的努力中取得了很大成就。如果你向数学家、矿物学家、历史学家或任何其他饱学之士发问，他那门科学里已经确定了哪些确切的真理，只要你愿意听，他的回答可以长得无休无止。但是，如果你就同一问题向一位哲学家发问，而且他态度坦率，他将不得不承认，他的研究还没有取得类似其他学科的那种积极成果。当然，这在一定程度上是由于这样一个事实：对于任何一门学科，一旦有了明确的认识，这门学科就不再被称为哲学，而变成一门独立的科学。关于天体的全部研究，过去曾被纳入哲学，现在属于天文学；牛顿的经典力学著作叫作《自然哲学的数学原理》（*The Mathematical Principles of Natural Philosophy*）。同样，研究人类心理的学问曾经是哲学的一部分，但现在已作为心理学而从哲学中分离出来。因此，哲学的不确定性在很大程度上与其说是真实的，不如说是明显的：那些已经能够得到肯定答案的问题被放进各种科学里，而那些目前还不能得到肯定答案的问题，作为遗留的残余物而构成叫作哲学的这门学问。

然而，这只是关于哲学的不确定性的部分真理。有许多问题——其中有些问题与我们的心灵生活最具深刻关系——就我们所知，人类的智力肯定无法解决这些问题，除非人类智慧的力量变得迥异于现在的水平。宇宙是否有某种统一的计划或目的，抑或仅仅是许多原子的偶然聚合？意识是不是宇宙中永恒的一部分，它给人类智慧无限增长带来希望，抑或意识仅仅是一颗小行星上短暂的偶然事件，在这颗行星上生命最终也不可能存在？善与恶的重要性，对宇宙重要吗，还是只对人类重要？这些问题都是由哲学提出的，不同的哲学家也给出了不同的解答。但是，无论答案是否可以用别的方法找出来，哲学所提供的答案似乎没有一个可以被证明是真确的。然而，无论找到答案的希望是多么的渺茫，哲学的一部分责任就是继续思考这些问题，使我们认识到这些问题的重要性，研究解决这些问题的各种方法，并使我们对宇宙保持持续存在的思考兴趣。由于我们把自己局限在可以明确地加以肯定的知识范围之内，这种兴趣很容易被扼杀。

没错，许多哲学家都持有这样的观点：对上述这些基本问题的某些答案，哲学可以确立其真理性。他们认为，宗教信仰中最重要的内容可以用严谨的论证来验证它是真确的。为了判断这种尝试，有必要通盘考虑人类的知识，并对其方法和范围形成一种见解。在这样一个问题上，独断地发表意见是不明智的。但是，如果前面几章的研究没有把我们引入歧途，我们就不得不放弃为宗教信仰寻找哲学证明的希望。我们不能把这类问题的任何一系列确定的答案,作为哲学价值的一部分。因此,这再次表明,哲学的价值绝不能依赖于哲学研究者所能获得的任何一系列可以明确肯定的假设知识体系。

事实上,哲学的价值在很大程度上得之于它的不确定性。一个未曾被哲学浸润的人,一生总免不了被禁锢在偏见中,这些偏见来自他所属的时代或民族的习惯信念,来自他头脑里那些没有经过深思熟虑即接纳并发展起来的信念。对这样的人来说,世界趋向变得清晰确定、有所限制、显而易见;普通的客体不会引发他的任何疑问,不熟悉的事物可能会被他轻蔑地否定。相反,如果我们一开始就采取哲学的思考,就像我们在前面几章所明了的那样,则会发现即使是最日常的事情也会导致一些问题,而我们只能对这些问题给出非常不完整的答案。哲学对于这些疑问,虽然不能确切地告诉我们什么才是正确的答案,却能提出许多可能性,从而扩展我们的思想,使我们的思想摆脱习俗的桎梏。因此,哲学虽然减少了我们对事物是什么的确定性感觉,却大大增加了我们对事物可能是什么的认识;哲学消除了那些从未进入过自由怀疑领域的人的不无傲慢的武断教条,并通过展示我们所熟悉事物的不熟悉方面,将我们的好奇感永远保持在敏锐状态。

除了展示人们不会质疑的那些可能性,哲学有一种价值——也许是它主要的价值,在于它所思考的客体是宏大的,而这种思考中可以使人摆脱狭隘的个人目标。受制于本能的人总把自己的生活局限在私人利害范围内:这个圈子也可以把家人和朋友包括在内,圈外世界绝不会受到重视,除非它能有助于或有碍于个人本能愿望的实现。这样的生活有一种狂热而狭隘,相比之下,哲学生活则是平静而自由的。出于本能兴趣的私人世界非常狭小，它居于一个庞大而强有力的世界之内，这个庞大而强有力的世界迟早会将我们的私人世界摧毁成废墟。除非我们能扩大自己的兴趣，将整个外部世界包括在内；否则我们就会像被围困在堡垒里的守军，知道敌人阻断了我们所有的出路，最后无可避免地投降。这样的生活中没有安宁，只有坚持抵抗的欲望和无能为力的意志之间的持续冲突。如果想使生活伟大和自由，我们必须以种种方法突破这个樊笼，逃离这种冲突。

逃离的方法之一，是哲学的沉思。哲学的沉思在其最广泛意义上，并不把宇宙分成相互敌对的两大阵营——朋友和仇敌，有助的和有害的，好的和坏的，而是不偏不倚、公正地视宇宙为一个整体。哲学的沉思，只要它是纯粹的，其目标便不是证明宇宙的其余部分与人类相似。一切知识的获得，都是自我（self）的扩张。但要使扩张得以更好的实现，最好不要直接寻求扩张。当只有求知欲在单独发挥作用时，不要预先希望研究对象具有这样或那样的特征，而是调适自我，使之适应研究对象的性质，只有通过这样的研究，才能实现自我的扩张。如果我们力图表明自我就是现在的样子，想证明世界和自我如此相似，以致不承认任何陌生的一切而仍能获得关于世界的知识，那么，这种自我扩张是无法实现的。想证明"世界与自我相似"的欲望，乃是一种自我独断。像所有的自我独断一样，它是自我发展的障碍，而自我也知道它会这样做。自我独断在哲学思辨中，和在其他地方一样，把世界视作达成自我目的的手段。因此，它使自我比世界还重要，自我还为有价值之事物的伟大设置了界限。但在哲学中，如果我们从非我开始，结果就不同了，通过非我的伟大而扩张自我的界限；通过宇宙的无限，沉思于它的心灵也能分享它的无限。

因此，灵魂的伟大不是由那些把宇宙同化为人的哲学所培养的。知识是自我与非我的一种结合形式；像所有的结合一样，它会被统治性的力量所损害，因此，任何试图强迫宇宙与我们自身所发现的东西相一致的企图，都会损害它。现在有一种广泛流行的哲学倾向，认为人是万物的尺度，真理是人造的，空间、时间和共相都是心灵的性质，如果有什么东西不是心灵创造的，那它就是不可知的，对我们来说也是无关紧要的。如果我们前面的讨论是正确的，那么这种看法就是错误的；它不只是错误的，还剥夺了哲学沉思中一切有价值的东西，因为它使沉思受限于自我。它所谓的知识并不是与非我的结合，而是一套偏见、习惯和欲望，在我们和外部世界之间蒙上了一层不可穿越的帷幕。能从这样的知识理论中找到乐趣的人，就像一个生怕自己的话不能成为法律的人一样，永远不能离开家庭的小圈子。

真正的哲学沉思则与之相反，它在非我的种种扩张中、在可以扩大沉思客体从而扩大沉思主体的事物中得到满足。一切个人的或私人的事物，一切依赖于习惯、自身利益或欲望的事物，在沉思中，皆扭曲客体，从而损害理智所追求的那种结合。这些个人的和私人的东西，在主体和客体之间制造了一道障碍，结果将理智囚禁于内。自由的心智会有上帝那样的视角，并不从此时和此地观看，它没有希望和恐惧，也没有惯常信念和传统偏见的束缚，而是恬淡从容、平心静气地在纯粹的求知欲中看待事物——视知识为不含个人成分的、纯粹可以沉思的、人们可以获得的知识。因此，自由的心智会更重视抽象的和共相的知识，超过重视得自于感觉的知识，因为抽象的和共相的知识是私人经历的事件所不能渗入的，而源自感觉的知识必然取决于独特的个人观点、取决于个体的感觉器官,而这些感觉器官既呈现它们,也同样会让它们失真变形。

心灵已然习惯于哲学沉思的自由和公正,就会在行动和情感的世界中保持同样的自由和公正。它会把自己的目的和愿望视为整体的一部分,而绝不会因为把它们看成一个其他所有事物都不受任何个人行为影响的世界中的无穷小碎片而产生固执偏见。在哲学沉思中,公正是对真理的纯粹渴望,它和心灵的品质相同。在行动中,它是正义;在情感上,它是博爱,可以给予所有人,而不仅仅给予那些被认为有用或值得尊敬的人。因此,沉思不仅扩展了我们思考中的客体,而且扩展了我们行为中的和情感中的客体:它使我们成为宇宙的公民,而不仅仅是与所有其他城市相冲突的一座围墙内的公民。在宇宙公民的身份中,人类有了真正的自由,并从狭隘的希望和恐惧的束缚中挣脱出来。

因此,关于哲学价值的讨论,可以总结如下:研究哲学,不是为了对哲学所提出的问题提供任何确定答案,因为往往无法确定有哪些确定的答案是真确的;研究哲学,其价值在于这些问题本身,因为这些问题扩大了我们对一切可能事物的观念,丰富了我们智力的想象力,减少了禁锢我们心灵的那种独断式自信;最重要的是,通过哲学所沉思的宇宙的伟大,心灵也会变得伟大,因而能够与宇宙结合,而这种结合构成了宇宙的至善。

参考书目

希望获得关于哲学的初步知识的学生会发现,阅读一些伟大哲学家的著作比试图通过读本获得全面的观点相对容易些,也更有益处。

在此特别推荐以下几种:

柏拉图:《理想国》,尤其是第六卷和第七卷

笛卡尔:《沉思录》

斯宾诺莎:《伦理学》

莱布尼茨:《单子论》

贝克莱:《海拉斯与斐洛诺斯对话三篇》

休谟:《人类理解研究》

康德:《未来形而上学导论》

经典就读三个圈　导读解读样样全

三个圈
独家哲学手册

导 读

未经审验的生活不值得过

作者：王凤丽

（北京大学公共管理专业硕士、中国社会科学院社会学博士，现从事社会科学和文化产业研究。）

关于这本《哲学有什么用？》[1]

罗素与怀特海[2]完成现代数理逻辑的奠基之作《数学原理》（*Principia Mathematica*）后，一度感觉"心智始终没有从这场紧张之下完全恢复过来"。此后，罗素于1910年写出本书，并自称这部篇幅不长、通俗流畅的哲学导论读物为"廉价版的惊险小说"。该作于1912年1月由伦敦威廉姆斯和诺盖特出版社出版，此后成为多所大学几代哲学学生的必读本。1998年，英国牛津大学出版社再版此书，英国圣安德鲁斯大学哲学系教授约翰·斯科罗夫斯基编辑修订并作序言，在序言中称赞此书，"罗素在本书中的见解，无论是在它的许多细节方面（包括他对于判断理论的提法），还是在他把哲学作为对本能的信仰与科学的假说之批判性的分析这一总的哲学观方面，都受到当今许多哲学家的强有力支持。正如我们所提到的，这些见解也深深地存在于英国的哲学研

---

[1] 原书名为《哲学问题》（The Problems of Philosophy）。——编者注
[2] 阿弗烈·诺夫·怀特海（1861—1947），英国哲学家，数学家。——编者注

究的传统之中,这便是20世纪最伟大的代表人物之一(但仅此一个)从一种富有弹性的哲学背景所写成的一篇导论"[1]。

这本小册子主要探讨了哲学史上最重要的几个问题,即认识论的有关问题。正如作者在前言中所明确指出的,"在本书各章中,我仅讨论那些可以发表肯定性和建设性意见的主要问题。基于此,认识论占本书的篇幅要多于形而上学,一些已被哲学家们反复讨论过的话题——如果本书涉及此类话题,也会作简短处理"。读者通过阅读这本小书,也许能大致了解一些基本问题和基本概念,从中获取某些养分,但事实上,这本小册子中对每一个话题的探讨都是相当浅显的,并且都能在罗素的其他作品(如《哲学简史》和《西方哲学史》等)中找到更详细的讨论;而除了罗素,本书所探讨的每一个话题,古往今来有无数哲学家思考过,有的甚至写过细致乃至庞杂的论述专著。罗素的这本小册子显然要对先贤的精华思想予以及时而必要的概括,如罗素对感觉与存在的讨论,对真理与谬误的讨论,甚至以"三角形"举例对数理逻辑原则的讨论,都在笛卡尔《第一哲学沉思录》中有相似的论述。对其他问题的讨论,更是围绕柏拉图、贝克莱、康德等哲学家展开,举他们的例子,简要描述并客观评价他们的若干观点。

在这本书中,罗素并没有探讨所有的哲学问题,在开篇第一章探讨现象与实在之后,虽对唯心主义、唯物主义有所涉猎,但并未深挖伦理学以及有关心灵和行为等范围广大的经典问题,不过他的若干伦理观却不时闪现在前文所讨论过的有关哲学的范围、特性和价值问题之中,文章最后也落到这个论题——探讨哲

---

[1] [英国] J. 斯科罗夫斯基:《罗素〈哲学问题〉序言》,何兆武译,载《世界哲学》2006年第1期。

学知识的范围和哲学的价值,既呼应第一部分,又统概全文。正因本书的上述特点,它更适合作为西方哲学入门读物,也适合其他专业背景的青年读书人用作快速、精准了解西方哲学史的入门读物。

为能简明扼要地了解此书,笔者尝试勾勒出本书的阅读线索。必须预先申明的是,下文仅仅是阅读线索。同一部作品可以有多种阅读线索,笔者只是选择其中之一,在严谨、完整程度上必有缺漏,仅供各位读者朋友酌情参考。

《哲学有什么用?》的阅读线索

1. 关于感觉材料、物质性质与本能信念(第一章至第四章)

无论是在西方哲学还是在东方哲学中,关于物质、感觉与信念的话题,是唯心主义和唯物主义长久不衰的本质之争。本书第一章至第四章,主要探讨这一组话题。在第一章中,罗素以对一张桌子的颜色、形状的感觉为例,提出"感觉数据",并区分了感知的行为(或状态)与感知的对象。人们所感知的对象,既可以是实在的,也可以是心灵的。通过分析贝克莱和莱布尼茨的观点,罗素得出结论说:我们所能直接看到和感觉到的,不过是"现象"而已,而我们却相信它是某种幕后"实在"的标志(本书第9页)。在第二章中,罗素进一步发问:"如果我们确信自己的感觉材料,是否就有理由认为它们是我们称之为物理客体的那些事物存在的标志呢?"(本书第13页)当十个人围着餐桌就座时，他们看到的是同一张桌子，尽管每个人的感觉材料不同，但显然在他们的感觉材料之外，确实存在一个持久的公共客体，而它是构成不同人在不同角度、不同时间得以获取的不同感觉材料的基础与原因。基于此，罗素指出：

> 当我们试图表明必定有客体独立于我们自己的感觉材料而存在时，我们不能求诸他人的证据，因为他人的证据本身也是由感觉材料组成的，并不能揭示其他人的经验，除非我们自己的感觉材料是独立于我们而存在的事物的标志。因此，若有可能，我们必须在自己纯个人的经验中发现一些特征，以能表明或有可能证明，世界上除了我们自身和个人经验之外，还有其他事物存在。
> （本书第15页）

然而，罗素也承认，在某种意义上，我们永远无法证明有其他事物存在于我们自身和经验之外。他以"梦"举例：在梦中，我们也能看到一个极其复杂的世界，可等我们一觉醒来，发现它不过是一场虚幻。假如认为整个人生是一场梦，在这场梦中，我们创造了一切呈现在自己眼前的客体。这个假设在逻辑上可行，但也没有办法证实它是真的。因为，"所有知识都是在我们的本能信念之上建立的，如果我们拒绝这些信念，一切知识也就不存在了。但是，在我们的本能信念中，有些信念比其他信念更强有力，同时有些信念也通过习惯和联想与其他信念交织纠缠。这些其他信念其实并不是本能的，却被误认为是本能信念的一部分。"（本书第17页）然而，由于我们的信念可能是错误的，因此信念总是存在某些不确定性。但是罗素又指出，虽然可能是错误的，但通过组织我们的本能信念及其推论，可以使我们的知识有条理、有系统，而这些，正是哲学的功能。罗素总结道：这种功能必然证明，哲学问题所包含的所有艰辛劳动都是正当的。

罗素在这里埋下了一个伏笔，即从哲学之中分离出来的科学的作用：科学总是能够自己验证，并允许他人验证；科学可以让不同的人在不同时候得到相同的实验结果（包括感觉材料）。科学尤其物理学的作用，正是要告诉我们，感觉材料和物理客体之间的那种既符合我们信念又可以重复验证的"关系"。这个探讨在第三章继续深化。

在第三章"物质的本性"中，罗素继续发问：那张独立于观察者的知觉而存在的实在的桌子，它的性质究竟是什么？换句话说：独立于我们感觉材料的物质本性到底是什么？罗素指出，科学对这个问题给出了回答：

> 科学赋予物质的属性，只有占据空间位置，和按照运动定律来运动。科学并不否认物质也许还有其他属性，但如果物质有其他的属性，这种其他的属性对科学家来说并没有用处，也不能帮助他解释各种现象。（本书第20页）

除了列举颜色、形状、宇宙星体等哲学最常见的例子，罗素还举了更多具体的例子：物理学家对光的认知，人们对时间的感知，行进的军团的次序……进而得出结论：在物理空间中，次序是真确的，而且只有在需要保持这种次序时，形状才和物理空间对应，而感觉材料与物理客体的关系也才有意义。

尽管物理客体与感觉材料不可能精准相同，但它们可以具有或多或少的相似性。但是，即使物理客体确实独立存在，它们必然与感觉材料有所不同，而且与感觉材料只能有一种对应关系——某种次序或逻辑，"类似目录与被编目的事物的那种对应关系"。因此，问题仍没有结束，罗素继续发问："是否存在任何普遍的哲学论据能够使我们说，如果物质是实在的，那么它必然具有这样或那样的性质？"这就是第四章"唯心主义"所要探讨的问题了。

"唯心主义"一词，不同哲学家在使用时有不同的理解。罗素对此概念的定义是，"一种学说，即任何存在的东西，或者至少任何为人们所知道的存在的东西，在某种意义上都必然是精神的。"（本书第27页）罗素认为，"那些不习惯哲学思辨的人，可能易于把这种学说看成明显荒谬的而加以抹杀。……物质早在任何心灵出现之前就已经存在了，很难想象物质仅仅是精神活动的一种产物。但是，无论唯心主义是真是假，都不能因为它的明显荒谬而将其摒弃。"（本书第27页）他对唯心主义的批判，是《哲学问题》的主要话题，反复多次出现他对贝克莱、康德和黑格尔等唯心主义哲学观点的批判。其中，罗素对贝克莱的反驳最有意思。

贝克莱认为：离开了心灵及其观念，世界便一无所有，并且也不可能有其他东西可以被认知，因为其他任何被认知的东西都必然是观念。即使人们都看到了一棵树，这棵树也不存在。如果问贝克莱：不同的人为何都能看到这棵"不存在"的树，甚至得到相同的感觉材料？他会回答：树是不存在的，它只是心灵的产物。贝克莱坚持唯心主义的主要论据是："我们不可能知道任何我们所不知道的东西是否存在。"而罗素正是以"知道"为切入点，指出贝克莱的唯心主义观点非但不是真理，而且事实上更是荒谬的。罗素指出，"知道"有两种意义上的用法，一种是关于事物的（可以通过自己亲知或他人描述而知道的）知识，另一种是关于真理的（与错误相对立的）知识。而贝克莱的那个论据，重新表述就是"我们永远也无法真确地判断我们所不认识的东西是否存在"。这一论据显然是错误的——罗素幽默地说：我不认识中国的皇帝，但我能真确地判断他是存在的。

2. 亲知的知识和描述的知识（第五章）

正是以"知道"这两种意义上的用法为切入点，进入本书第五章的讨论："亲知的知识和描述的知识"。在指出知识有两种——关于事物的知识和关于真理的知识——之后，罗素进一步分析道，关于事物的知识又分为两类：一类是通过**亲知**而获得的关于事物的知识，另一类是通过**描述**而得来的关于事物的知识。

这就需要首先厘清，罗素所说的"亲知"和"描述"，究竟指什么。关于前面提过的那个桌子，它的感觉材料——它的硬度、形状、颜色等，都是我们可以直接用眼看到或用手触摸到的，不需要借由任何推理过程或任何有关真理的知识作为媒介。我们关于桌子的这类知识——"对于能直接察觉到的任何事物都有亲知，而不需要任何推理过程或任何有关真理的知识作为媒介"（本书第35页），就是"亲知的知识"。

但是，我们对于桌子的本身——"使桌子成为桌子的确定的某种东西，严格地说，我们根本就一无所知"（本书第36页）。客体本身不能为我们所直接亲知，我们关于这个客体的知识——罗素还引入"摹状词/限定摹状词"概念——普通的字句，甚至是专名，通常是摹状词。"当我们知道有一个客体符合一个限定摹状词的描述时，虽然我们并没有亲知任何这样的客体，在这种情况下，我们对这种客体所具有的知识"（本书第40页），即为"描述的知识"。关于摹状词，他指出：

> 正确使用专有名称的人的思想，通常只有用摹状词代替专有名称时，才能精准地表达出来。而且，表达思想所需要的摹状词因人而异，同一个人也会因时而异。唯一不变的是名称（只要名称使用得正确）所适用的客体。但是只要这一点保持不变，那么这里所涉及的限定摹状词通常不会影响出现名称的命题的真假，通常与真假毫无关系。（本书第41~42页）

我们所能理解的每一个命题，必须完全由我们所亲知的成分组成：

> 在感觉中，我们亲知外部感觉所提供的材料；在内省中，我们亲知所谓内部的感觉——思想、感情、欲望等；在记忆中，我们亲知的事物不是来自外部感觉材料就是来自内部感觉材料。还有一点虽不确定但是有可能

的：我们已经亲知了那个察觉到事物或者对事物具有愿望的"自我"。（本书第39页）

而所有关于真理的知识都需要亲知与感觉资料性质不同的东西，有人称之为"抽象观念"，罗素将其称为"共相"（universal），即一般性（或普遍性）的观念。每个完整的句子必须包含至少一个代表共相的词。我们直接所感知的一切的全部清单之中，就包含我们自身、我们的感觉数据和共相。其中，共相才是一般性（或普遍性）的，只有共相才有可能超越人们对殊相的亲知，形成描述的知识。描述的知识根本的重要性在于，"它使我们能够超越个人经验的局限"，我们"可以凭借那些对未曾经验过的东西的描述来获得知识"。（本书第45页）

个人经验的范围极为有限，那么，我们如何把个人亲知的知识扩展到有限经验之外的领域呢？换句话说，曾经多次重复的经验是否可以扩展为某种普遍规律？而某个科学规律过去一直有效，我们又何以能假定它将来也会一直有效呢？

这就进入第六章"论归纳法"的讨论了。

3. 归纳、先验、自明（第六章至第八章）

在第六章，罗素提到"自然的齐一性"。相信这个所谓的"自然的齐一性"，就是相信已经发生或将要发生的一切都是服从某个普遍规律的实例。我们对于过去的未来虽然有经验，但是对未来的未来并无经验，罗素提出问题："未来的未来和过去的未来是否相似呢？"要回答这个问题，仅仅依据那些过去的经验是不够的。这时候，我们需要寻找到某种原则，使我们能够知道未来仍将遵循与过去相同的规律。这个原则就是归纳法原则。罗素通过两个部分表述了这一原则：

（1）A类事物与B类事物相联系的事例越多，A类事物总是与B类事物相联系的可能性就越大（如果不知道存在不关联的案例）。

（2）同种情况下，如果A与B有足够多的相联事例，那么几乎可以肯定A与B总是相联系，并可以使得这一普遍定律无限接近必然性。（本书第51～52页）

但是，如前所述，所有以经验为基础的知识，都是基于一种信念，这种信念既非经验所能证实，又非经验所能驳斥。归纳法也不能用经验来证明。

第七章就详细论证了归纳法不能用经验来证明，而我们确实掌握了关于普遍原则的知识。在以经验为出发点的论证中，有一些不能被经验证明或推翻的原则，是具有自明性（不证自明）的逻辑原则，这就是传统上称为"思维律"的三条原则：同一律、矛盾律和排中律。正是这些原则构成了归纳法的基础。罗素以哲学史上一个典型的论争为例，做了进一步阐释。

经验主义和理性主义之间的论争，堪称哲学史上最大的论争之一。站在经验主义这一阵营的代表人物是英国哲学家洛克、贝克莱和休谟，他们主张所有的知识都只能来自经验。站在理性主义阵营的主要是欧洲大陆哲学家，以笛卡尔和莱布尼茨等为代表，他们主张有的知识来自经验，也有一些知识来自内在理性，即天赋观念。

这两个对立的学派谁是谁非呢？罗素认为二者在不同维度下各有所长：就逻辑原则而言，"理性主义者是对的"；但是，一切肯定存在的知识都是经验的，而关于存在的唯一先验的知识却是假设的，它"只能告诉我们存在或可能存在的事物之间的种种联系，而并不能告诉我们实际上的存在"。这就如同前文所提过的，我们能肯定存在的是感觉材料，而感觉材料并不能告诉我们关于那个物理客体的本性。

在这一章中，罗素关于伦理学范畴的一些现象之思考，也不时悄悄闪现。比如，他在举例时提到，"我们断定幸福比痛苦更可取，知识比愚昧更可取，善意比仇恨更可取"，而"这种判断至少在某种程度上是直接的且先验的。"（本书第59页）这说明，对事物内在价值的判断，以经验为基础，可以也必须由经验得来，然而和归纳法原则一样，"内在价值是不能被经验所证明的……既不能证明它是好的、应该存在的，也不能证明它是坏的"。（本书第59页）正如逻辑是先验的，"一切关乎什么是具有内在价值的知识都是先验的"。（本书第59页）罗素还举了两个例子，以区别先验的普遍命题和经验概括之间的区别。就"2+2=4"而言，演绎法是先验的普遍命题的正确论证方式；而就"人皆有一死"而言，归纳法在理论上更为可取。

在罗素的语境中，"先验的"并不等同于"自明的"。这是因为，某些先验知识是从其他先验原则中演绎出来的，并不是自明。他认为，记忆是对过去的感觉数据的直接感知，关于逻辑、数学和伦理学的某些先验知识，也可以是"直接的"或"直觉的"。其余的一切知识都是演绎而来的。从普遍到普遍或从普遍到特殊的演绎过程，以及从特殊到特殊或从特殊到普遍的归纳过程，都具有其实际效用，但罗素认为，演绎法要比归纳法有着更大程度的自明性。

既然知晓了一切纯粹的数学和逻辑知识都是先验的——无论对"2+2=4"而言，还是三角形的性质而言，那么又可以追问新的问题了：人们如何会拥有这些数学和逻辑知识呢？——这个问题换个问法就是：先验知识何以可能？

第八章就探讨了这个问题。哲学史上最早提出这个问题的人是康德。在康德之前，哲学家认为，矛盾律（任何事物不能同时具有又不具有某种性质）足以确立一切先验的知识，而休谟就先验知识问题曾推论说：我们不知道有什么东西是先验的。总之，康德之前的哲学家普遍认为，一切知识都是"分析的"。秉持理性主义的康德不同意此观点，他从"纯数学何以可能"这一问题开始哲学之思。罗素认为康德确立了认识论在哲学上的重要性地位，并给出了支持康德观点的论据：数学和逻辑知识就都是先验的，而不是"分析的"。人们获取数学知识都是通过特殊的经验，但数学知识本身是普遍的，具有真理性，"我们不知道一百年后谁是伦敦的居民，但我们知道任意两个人加上另外任意两个人，一共会是四个人"。（本书第65页）

康德认为，所有的经验可区别为两类：一类是由客体而来，另一类是由我们自身性质而来。当我们看一张桌子时，关于桌子的颜色、硬度等感觉材料都来自客体，但这些感觉材料在空间和时间中的安排以及感觉材料之间的所有关系则来自我们自身的性质。罗素认为，"先验的原则有严格的范围和权限"（本书第58页），针对康德提出的"物自体"（thing in itself）概念，他指出康德的答案不仅未能解释先验命题的确定性，还限制了先验命题的范围。康德认为事物本身不具有关系，关系之所以产生，仍是由于心灵把不同事物联系在一起,并判定事物具有这些关系。罗素在反驳了康德和经验主义之后,给出了自己的答案:所有先验的知识都与各种实体有关,但这些实体既不存在于心灵世界,也不存在于物质世界,而关系也应置于这个既非心灵的又非物质的世界中。

这个"既非心灵的又非物质的世界"对哲学极其重要,特别是在回答先验知识的问题时。这个世界就是第九章讨论的"共相的世界"。

4. 共相、自明性(第九章至第十一章)

经过前文论述,"关系"之类的实体似乎是存在的,但其存在方式不同于物理客体,也不同于心灵和感觉材料。而"共相"可以回答"关系"是一种怎样的存在,并且能区分哪些客体具有这种类型的存在。

罗素关于共相的理论要追溯到柏拉图的"理念"(idea)或"理型"(form),他预先申明,"下文所要提出的理论大部分来自柏拉图,只是因时代变化而对表现形式做了些必要修改"。(本书第71页)柏拉图认为,真正实在的世界是理念的世界,一个比通常感觉到的世界更真实的"超感觉"世界,一个可以给感觉世界提供朦胧映像的世界。需要注意的是,在柏拉图的哲学语境中,"理念"可以被心灵所理解,但不能认为"理念"必然存在于心灵之内,而随着时光的推移,哲学家们赋予"理念"诸多含义。罗素认为,用"共相"会比"理念"一词更能阐述柏拉图的本意,柏拉图所指的理念世界那一实体(共相),其本质与我们感觉到的那个世界(殊相)是对立的。一切真理都涉及共相,而一切关于真理的知识都涉及对共相的认识。

　　研究常用词语就会发现，专有名词和代词代表殊相，而一般名词、形容词、介词和动词则代表共相。罗素指出，一些哲学家通常过分注意以形容词或名词来命名的共相，却忽视了以动词和介词所表现的共相。这种忽视会导致偏颇的信念，"认为每个介词都是把某种性质归因于某个单一事物，而不是表达两个或多个事物之间的关系"。（本书第74页）那么，就会出现两种观点：一种观点认为宇宙中只有一种东西，这种观点即是由斯宾诺莎首倡的"一元论"；另一种观点承认有许多东西，但认为这些东西之间不存在任何关系，这种观点则是由莱布尼茨首倡的"单子论"。

　　也许有人全盘否认"共相"这种东西存在，我们确实不能严格地证明有诸如"性质"这样的实体存在，但罗素表示，虽然我们不能证明有由形容词和名词所表现的"共相"存在，却可以证明关系存在，也就是说，能够证明通常由动词和介词所表现的那种"共相"存在。他以相似三角形为例，明确论证道，"相似关系必定是一种真正的共相"。罗素还举了个例子，当我们说"爱丁堡在伦敦以北"时，"在……以北"就是个关系，也是一个共相。这个"关系"就像它涉及的关系项，并不依赖我们的思维而存在，它属于思维能理解但不能创造的那个外在的独立世界。由介词所表现的这个"关系"，不同于以名词或形容词所代表的那些事物，因为"关系"既不是物质的，也不是精神的，然而，"它确实是某种东西"。而思想和感觉、心灵和物理客体，都是"存在的"，有时间限制的；而共相并不在这个意义上存在，共相是超时间的，是"持续存在"或"一直实在"的。根据我们的秉性，我们会偏爱思考共相的世界和存在的世界中的某一个。我们所不喜欢的那个世界，很可能只是我们所喜欢的那个世界的朦胧映像，在任何意义上这个映像都不值得被视为真实的。在共相的世界与存在的世界之间，人们具有一种非此即彼的倾向，罗素认为，应该平等地对待这两个世界：

> 共相的世界也可以被描述为实在的世界。实在的世界是永恒不变、严格刻板、确切严谨的，对于数学家、逻辑学家、形而上学体系缔造者及所有热爱完美胜过热爱生命的人来说，它是令人愉悦的。而存在的世界是转瞬即逝、模糊不定的，没有确切界限，没有任何明确的计划或安排，但是它包罗了所有的思想和感觉，所有的感觉材料，所有的物质客体，所有好的或坏的、能影响生命价值和世界的事物。（本书第78页）

罗素认为，我们应同等地重视这两个世界，这两者都是实在的，对形而上学者也都是同等重要的。事实上，当我们把这两个世界做一区分，就有必要琢磨它们之间的关系了。探讨至此，我们明白了，先验的知识是我们对共相世界以及其间存在的关系（当然这些关系也是共相）的当下的或直觉的知识。

第十章继续探讨关于共相的知识。关于共相的知识也可以分为三类：（1）亲知得来的；（2）仅凭描述而知的；（3）既不是通过亲知也不是通过描述而知的。

亲知而来的共相知识，包括对颜色的认知，对事物空间或时间关系的认知，以及相似关系，但罗素又指出，"我们可以举出有关感觉材料的实例，但我们举不出实际物理客体的实例"。

（本书第85～86页）这是因为，"我们关于物理客体的知识始终依赖于这种普遍知识的可能性，而这种普遍知识是无法给出实例的"。（本书第86页）

这同样也适用于我们对于他人心灵的知识，或者适用于任何不能举出实例以亲知的其他类型事物的知识。比如先验的知识。关于先验的普遍命题，罗素指出，应注意到相反的两点。第一点，如果我们已知许多特殊事例，那就可以从第一个事例使用归纳法得到普遍命题，而只能在以后察觉到共相之间的联系。……第二点更为有趣，也更具有哲学上的重要性。这就是，我们有时候会在连一个事例也不知道的情况下知道一个普遍命题。他还举了这样一个例子："凡是人类未曾想到也永远不会想到的两个整数的乘积，其值都大于一百。"他指出，"这个普遍命题的真理性是不可否认的。然而，从事例的性质来看，我们永远无法给出一个实例，因为我们所能想到的任何两个数都被这个命题的条件项排除了。"（本书第85页）

罗素总结道，首先应当区分关于事物的知识和关于真理的知识，每一种知识又都可以分为直接的和派生的，于是知识可以大致分类如下：

关于事物的直接知识，即亲知的知识。它又包括两类：殊相的和共相的。

关于事物的派生知识，即描述的知识，包括对某物的亲知和对真理的认识。

关于真理的直接知识，即直观的知识，由直观而认识的真理具有自明性。

关于真理的派生知识，由演绎法从自明的真理中推导出来的。

关于真理的知识往往要比关于事物的知识更为复杂，因为关于真理的知识还会引发一个更深层次的问题——名为"错误"的问题。"错误"是与"知识"相对立的。关于真理的知识，什么时候会引发"错误"呢？罗素指出，"只有当我们把直接客体，即把感觉材料，视为某种物理客体的标志时，错误才会发生。"（本书第87页）哲学之旅继续出发，进入第十一章，集中探讨上面提到的第三类知识，即直观的知识。

几乎所有的信念，都是从别的信念中推演出来，或者能够从别的信念中推演出来。当我们承认了一定数量的逻辑原则之后，就可以从这些原则推演出其他的原则，而推演出来的命题往往和那些未经证明的假定命题具有同样的自明性。罗素接着指出，自明性并不囿于那些不能被证明的普遍原则，因为还存在一些自明的伦理原则，诸如"我们应该追求美好的事物"，尽管存有争议，这一原则仍具有一定的自明性。有一些自明的真理是直接由感觉得来，这样的真理即为"知觉的真理"，而表达这类真理的判断就是"知觉的判断"。无论从感官中得到何种自明真理，它们都必然不同于感觉材料。这种自明的知觉真理有两种：一种是单纯地断言感觉材料的存在而不作任何分析，另一种则是记忆判断。我们所记忆的内容，其自明程度有一个连续的等级差序，我们记忆的可信度和这个等级差序是相应的：一般说来，经验越鲜明、时间越接近，记忆的可信度就越大。罗素得出结论：

> 自明性是有等级差序的：不是一种性质简单的存在或不存在，而是一种性质存在多少，其程度可以从等级上的绝对肯定到几乎察觉不到的微乎其微。知觉的真理

和某些逻辑原则，都具有极高程度的自明性；直接记忆的真理，几乎有着同样高的自明程度。……记忆所隔的时间越遥远、越模糊，它们的自明性也会相应越低；逻辑真理和数学的真理越来越复杂，（大概地说）它们的自明性也会越来越低。对内在的伦理价值或美学价值所做的判断，也倾向于有些自证性，但程度并不高。……在出现矛盾的地方，应保留自明性更强一些的命题，而摈弃自明性不够的命题。（本书第93页）

5. 信念、真理和虚假（第十二章至第十三章）

回顾第十章的末尾，罗素曾将知识分为关于真理的知识和关于事物的知识。但这两类知识有所不同，因为关于真理的知识有个对立面，即错误（虚假的错误）。而自明性就关乎知识与错误的区别的问题。然而，在发问"哪些信念是真确的、哪些信念是虚假的"之前，我们得先弄清楚"什么是真确的、什么是虚假的"。这正是第十二章"真理和虚假"所探讨的主要问题。

第十二章中，罗素从真理的三个必要条件入手，指出真理和虚假都是信念的属性，真理要满足三个必要条件：（1）能容许真理有一个反面，即虚假；（2）使真理成为信念的一种性质；（3）使真理这种性质完全依赖于信念与外界事物关系。此前哲学家们最为重要的尝试是真理的"一致性学说"，但该学说遇到两个难点：一是我们没有理由假设只存在一个一致性的信念体系；二是该学说假定"一致性"的意义是已知的，但"一致性"又以逻辑法则的真确为前提。基于这两个难点，罗素指出问题关键，

"逻辑法则提供了一种框架，一致性检验只能在这个框架内适用；逻辑法则本身不能经由这种检验来确立。"（本书第97页）

罗素指出，心灵并不创造真理或错误。心灵创造信念，但信念一旦被创造出来，心灵并不能判断它们是真确的还是虚假的。所谓信念或判断，是在特定时间内、在多者之间，把心灵与心外之物联系起来的那个关系。他通过"奥赛罗相信苔丝狄蒙娜爱卡西奥"来探讨信念的真确性，"相信"是一个信念或判断的关系，它必须能把四者（奥赛罗、苔丝狄蒙娜、爱、卡西奥）都联结在一起。做出判断的心灵是判断的主体，其余的各项是判断的客体，判断关系把各个客体置于一定的次序中，形成一个复合体。次序在复合体中非常重要，因为判断关系是具有感觉或方向性的，也是一切关系所具有的共同属性。当一种信念与相关的复合体中各个成分的次序相符时，它就是真确的；否则就是虚假的。

由上可知，我们有些信念是真确的，也有一些是虚假的。罗素进一步引导询问：我们有多大把握能证明各类信念是否错误？也就是说，在我们明确了真理和虚假的含义之后，就要探讨有什么方法可以知道各种信念是真确的还是错误的。第十三章旨在回答这个问题。

通过前文的探讨，尤其是第十章的末尾，我们知道，有些知识是派生的，派生知识与直观知识是相对的。信念是可以从直观知识的一些片段中有效地推论出的派生知识，除了由信念所构成的知识，我们还有一种由知觉构成的知识。前文第十一章提到，自明性是有等级差序的，一种提供对真理的绝对保证，另一种则只提供部分的保证。理论上有两种方法可以认识复杂的事实，一是通过判断（就像一切判断，很可能会出错），二是通过对复杂事实本身的认识（只有当整体的各部分之间确实具有使它们结合成复杂整体的一种关系时，这种认识才有可能）。在第十三章，罗素区分了这两种不同的自明性：第一种自明性是"当通过亲知而知道一个由某些项按照某种关系构成的复杂事实时，我们可以说关于这些项之间是如此联系起来的这一真理，具有首要的或绝对的自明性"；第二种自明性有程度上的差异，它能从最高限度一直递减到仅仅支持这种信念的某种倾向。

就直观知识和派生知识而言，如果我们假定直观知识的可靠程度与其自明性的程度成正比，那么从值得注意的感觉资料的存在、逻辑及算术的简单真理（这些可认为是十分肯定的），到那些或然性比其反面只大一点儿的判断为止，会存在一个可信性的等级。罗素进而给出"知识"和"错误"的本质区别：我们坚信的东西如果是真的，就叫作知识；我们坚信的东西如果不是真的，就叫作错误。

他还指出，"我们坚定地相信的东西，如果既不是知识也不是错误，以及我们带着犹豫而相信的东西，可以称为或然性的意见"，而"大部分通常作为知识的东西，多多少少都是或然性的意见"。（本书第111页）至此，罗素得出结论说：

> 如果我们的梦境夜复一夜地像白天生活那样一致连贯，我们几乎不知道是该相信梦还是该相信现实生活。事实上，一致性检验否定了梦境，却确证了现实生活。然而，这种检验虽然在成功的地方增进了或然性，却永远不能给出绝对的可靠性，除非在一贯的系统的某个点上有了相当程度的可靠性。因此，仅仅把或然性意见组

织起来,这种做法本身永远不能把或然性意见转变为不容置疑的知识。(本书第111页)

罗素的文艺气质从严谨的逻辑思辨中升腾,他写了一段让读者感慨万千的话,令中文读者联想到"庄生梦蝶/蝶梦庄生"的意境。尤其是最后一句话,是一名自由主义者的怀疑主义精神。而这种怀疑主义,是构成罗素整个学术体系的一块基石。这段立场鲜明的表述,也将引向罗素关于哲学性质与哲学价值的思考。

6. 哲学的性质与价值(第十四章至第十五章)

尽管多数哲学家宣称能够通过先验的形而上的推理来证明诸如宗教的基本信条、宇宙的根本合理性、物质的虚幻性、一切恶的非实在性等,但罗素认为,"关于宇宙整体的知识似乎不能通过形而上学来获取",那些哲学家的论证过程"似乎是经不起批判性的深入推敲的"。在第十四章,他以这类观点的集大成者黑格尔的"绝对观念"为例,经过一番推导后,指出"我们无法证明宇宙如黑格尔所认为的那样,作为一个整体形成一个单独的和谐体系"。康德宣称时间和空间都只是主观的,并非真实世界的性质。但在数学家们的努力下,"认为空间和时间不实在的那些理由已经变得无效,形而上学思想结构的一个重要源泉便枯竭了"。

在黑格尔、康德等主要哲学家提出有关认识论的主要观点后,罗素再次发问:哲学的价值是什么?为什么应该研究它?他给出自己的结论:如果我们想在确定哲学价值的努力中不失败,首先必须把我们的思想从那些被误称为"实用性的"人的偏见中解放出来，"在当下的世界里，心灵所需食粮至少是和肉体所需之物同样重要的。哲学的价值只有在心灵所需食粮中才能找到；只有那些不漠视心灵食粮的人，才会信服哲学研究并非浪费时间。"（本书第122页）

哲学和其他学科一样，主要以获取知识为目标。哲学和科学两者都必须是从本能的信念和证据出发，并从而发展为一种世界观。维特根斯坦和维也纳学派把哲学看作与科学完全不同的一种活动，罗素却认为，哲学知识与科学知识本没有本质上的区别，科学是从哲学中发展并独立出去的学问，而哲学是那些还未找到肯定答案的问题构成的学问。因此，哲学不提供确切的答案，它的本质特征是批判主义。笛卡尔的"方法论的怀疑"是近代哲学的开端，但这里的怀疑不是那种完全置身于一切知识之外的绝对怀疑主义，绝对的怀疑主义只会走向虚无；而哲学所主张的批判方法是建设性的，哲学的批判并不要求我们拒绝相信某些信念，而是怀疑一切可以怀疑的东西。"批判的目的并不是毫无理由地摈弃每种显而易见的知识，而是对每种显而易见的知识的价值加以考察，并在考察之后，保留所有看来仍是知识的东西。"

研究哲学到底有何意义？罗素给出最后的答案：

> 研究哲学，不是为了对哲学所提出的问题提供任何确定答案，因为往往无法确定有哪些确定的答案是真确的；研究哲学，其价值在于这些问题本身，因为这些问题扩大了我们对一切可能事物的观念，丰富了我们智力的想象力，减少了禁锢我们心灵的那种独断式自信；最重要的是，通过哲学所沉思的宇宙的伟大，心灵也会变

得伟大，因而能够与宇宙结合，而这种结合构成了宇宙的至善。（本书第127页）

关于中国的"罗素热"

罗素经历了近现代学术的蓬勃发展，无数新学科诞生，那是启蒙运动后，人类知识膨胀的时代；也经历了科技进步带来的物质繁荣，当然他还经历了两次世界大战。身处那样的时代背景和社会环境，罗素关心政治，数次坐牢。即使是在这样的大环境中，罗素的生活、工作都很精彩，一生四次婚姻，长寿，工作精彩，给世人留下专著七十余部。作为数学家、哲学家和诺贝尔文学奖获得者，罗素的成就是毫无疑义的。瑞典皇家科学院安德斯·奥斯特林格在"领奖欢迎辞"中说"他论及人类知识和数学逻辑的科学著作具有划时代意义，堪与牛顿的机械原理媲美"。并进一步给出例证，"诺贝尔奖并非旨在肯定他在这些特殊科学领域里所取得的成绩，在我们看来，更为重要的是罗素的著作为广大的公众所写，因而卓有成效地保持了大众对整个哲学课题的兴趣"。罗素何以能够取得如此成就？他曾经说过："有三种简单然而无比强烈的激情左右了我的一生，对爱情的渴望，对知识的追求和对人类苦难不可遏止的同情。"或许这就是答案。

20世纪著名学者王治心曾评价，"对于中国思想界发生重要影响的外国人，莫过于美国的杜威与英国的罗素两博士，他们应中国教育界之请，来华演讲。杜威主张实验主义，罗素主张经济的社会主义，同样对于基督教有反对的态度。"罗素曾于1920—1921年访问中国，在上海、杭州、南京、长沙、北京、保定等地共作了多个主题讲演，并在北京大学作了以《哲学问题》《心之分析》《物的分析》《社会结构学》和《数学逻辑》为题的系列演讲，引发了"罗素热"。1921年，罗素回到英国后，罗素根据在华旅行和考察经历，于1922年出版了《中国问题》一书，该书探讨当时中国面临的种种问题和解决方案，并展望中国的前景和出路，并对欧洲的未来进行了思考。罗素的中国之行影响了一代知识分子，为20世纪的东西对话与文化交往写下了浓墨重彩的一笔。当然，罗素对中国人的影响绝不仅限于20世纪20年代的哲学界。在当代，罗素仍是长盛不衰的话题，他的多部作品仍被人们热读。值得一提的是，在我国当代，不少非哲学专业的年轻人喜欢罗素，相当一部分人是因为喜欢王小波，而王小波生前极为推崇罗素，其作品中数十次提到罗素的观点。罗素有两个简短的观点，被王小波多次引用并影响了许多年轻人，一是"参差百态乃是幸福的本源"，另一个就是"对于人来说，未经审验的生活，的确是不值得过的"。

读些哲学书，可让人暂时从日常琐事中抽离，从更高层面考察世界、反思生活。如果没有这种考察与反思，一个人可能会轻易地接受当下某种观念，认为那是生活的一般范式，依据自己对当下环境的有限认知，做一个看似合理的SWOT分析[1]，并在这种观念之下，轻易断言出自己该如何应对当下和未来。这种论断会给一个人带来奋发前行或持之以恒的动力，也可能会带来沮丧、

---

[1] S指优势（strengths），W指劣势（weaknesses），O指机会（opportunities），T指威胁（threats），SWOT分析是基于内外部竞争环境和竞争条件下的态势分析。——编者注

失意或者某种"勘破"后的躺平理由。《哲学有什么用？》告诉我们：知识是自我与非我的一种结合形式。哲学所追求的知识，是那种通过批判我们的信念、偏见和信念依据而得到的知识。"一个未曾被哲学浸润的人，一生总免不了被禁锢在偏见中，这些偏见来自他所属的时代或民族的习惯信念，来自他头脑里那些没有经过深思熟虑即接纳并发展起来的信念。"而哲学沉思可以使人摆脱狭隘的个人目标。"人类有了真正的自由，并从狭隘的希望和恐惧的束缚中挣脱出来。"世界之博大，世界深不可测，宇宙之浩渺，如何总在我们的预料之内？但要走好脚下的路，一边走，一边反思，我们将会越来越明智，也越来越清楚该走向哪里。

哲学并不是能够解答所有问题的途径，却能在思考这些问题的过程中启发我们的想象力，锻炼我们的思维能力。由于哲学中所思考的都是世界终极关怀、上帝是否存在、灵魂是否不朽等关于世界的、宇宙的，甚至是超出我们生活在其中的世界范围的问题，那么在我们学习或探索这些问题的过程中，我们自己的心灵也能够变得伟大，像伟大的宇宙一样，我们的心境、视野也会变得开阔，从而在我们今后的人生中需要去思考生活中的一些事情时，能够通过学习哲学时的思维方式，正确树立我们的人生观、世界观和价值观。

在罗素看来，如果一个人只是单纯地阅读，即使读了很多，或许他对繁复生活表象下生活真谛的理解力并不会自行提高。正如阅历会随年龄增长，但年龄增长并不必然带来智慧。阅读只是智慧起点的一个非必要条件，审慎的反思才是最重要的。罗素曾说，"在日常生活中，我们以为一些事是确定无疑的，但近距离审视这些事，就会发现它们充满明显的矛盾，只有经过深思熟虑，我们才能知道该真正相信什么"。

图文解读

我们是如何认识的

　　认识论作为哲学的分支，可以说是与哲学思考一同出现的，当大多数人理所当然地将我们接收到的经验、知识、信念视为真实时，哲学家们对此质疑：我们如何判断它们的真实性？通过什么判断，感受还是思考？哪种判断更真实？

　　认识论是与知识有关的哲学分支，研究知识的性质、起源和范围，认识的正当性和合理性，旨在回答诸如"认识是什么意思？""我们能够认识吗？""我们能够认识什么？""我们如何认识？"等问题。

　　关于认识论，我们可以从这样一个问题开始：以下哪种东西最真实——你所坐的椅子，构成这张椅子的分子，还是当你坐在上面时的感觉印象？当你做出自己的判断，或者由此陷入思考时，就已经进入了认识论。

一、认识的内容：现象还是本质？

古希腊哲学家巴门尼德首先提出，我们认识到的变化和多样性都是幻觉，不管现象是怎样的，存在的只能是一个单一的、不变的、永恒的东西。自此，问题中的椅子，不再仅仅是我们所坐的椅子，而是某种本质的表象。巴门尼德开启了形而上学的思考和追求真理的漫长旅程。

1. 巴门尼德

认识论中对本质与现象的分割起源于巴门尼德。

巴门尼德信服逻辑推理而不是眼睛看到的东西，区分了思想和感觉、真理和意见，并明确指出只有思想能够认识真理，达到真正的确定性。他说："别让习惯用经验的力量把你逼上这条路，只是以茫然的眼睛、轰鸣的耳朵或舌头为准绳，而要用你的理智来解决纷争的辩论。"

真理是客观存在的、普遍的，即真理是存在于一切事物之中的，而不是独立存在的。通过研究各种事物的本质和规律，人们可以认识真理。

意见则是由人的主观意识所产生的，是片面的，是仅仅通过事物的现象或单个事物的现象得出的结论。

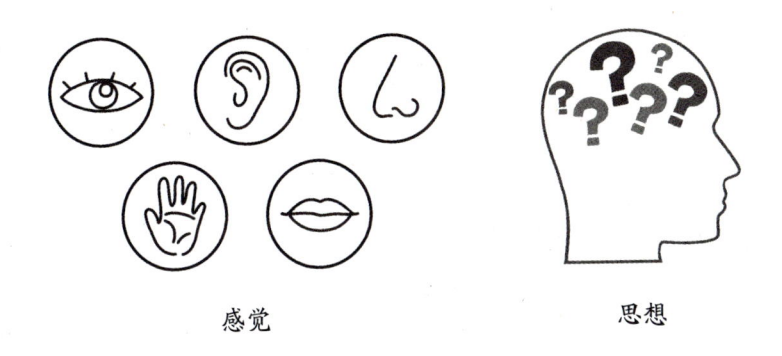

感觉　　　　　　　　思想

2. 柏拉图

柏拉图批判性地继承了巴门尼德的理论，对知识（真理）和意见进行了区分。但是他认为，知识与意见并非一对截然对立的概念，意见是介于有知和无知之间的一种东西，它包含了部分真理。

我们应该追求人类理性可以把握的不变的普遍真理，柏拉图用两个比喻体现了他的认识论。一个是"洞穴比喻"，另一个是"四线段比喻"。

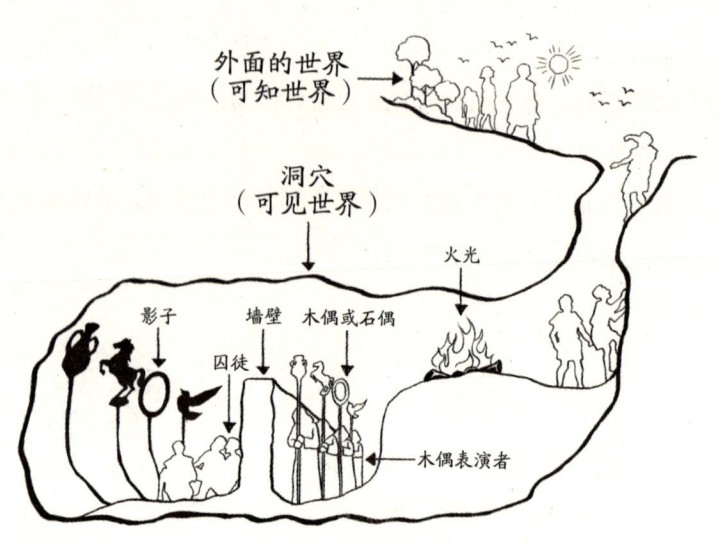

洞穴比喻：区分了可见世界和可知世界

四线段（认识对象）	心灵的作用（认识能力）	
理念（善本身）	理性	可知世界 … 知识
数学型相	理解	
实际事物	相信	可见世界 … 意见
影像	臆测	

四线段比喻：更加详细地描述了知识的发展阶段

3. 亚里士多德

亚里士多德认为，一方面，一切认识都是从**感觉**开始的，客观存在的事物是感觉发生的源泉；另一方面，感觉只能给我们提供一些表象性的知识，不能把握其实质，更不能使我们认识到事物的本质。

他提出"蜡块说"：感觉就像是一块蜡块，如果一枚戒指印在这个蜡块上面，蜡块就能留下戒指的形状，但是无法得知这个蜡块是金的还是银的，也就是说无法得知事物的质料，只能得到事物的表象。

他继承发展了老师柏拉图的观点，认为普遍的东西是内在于**理性灵魂**之中的，只有理性灵魂的思维活动，才是现实的认识。

二、认识的方式：感觉经验还是理性思考？

17—18世纪，随着资本主义的发展，自然科学出现了分门别类的研究，现实世界成了人类可以把握的对象，认识论的研究逐渐集中在如何把握这些对象上，也就是认识的来源和方式。

培根面对当时近代科学与中世纪的"迷信"、毫无头绪的思辨以及神学混杂的学术现状，主张把人类的知识推倒重来，用一种新的方法来整理和解释知识，"将全部科学、技术和人类的一切知识全面重建"，由此揭开了近代哲学的序幕。

他认为，人们要正确地认识世界，必须破除**四种假象**：种族假象、洞穴假象、市场假象、剧场假象。

种族假象
人类这一种族把自己的希望、恐惧、偏见以及焦虑都带到事物之中，从而影响了对事物本质的认识。

洞穴假象
心灵被封闭在由自己的习惯和意见所构成的洞穴之中。一个人所读的书籍、看重的观念、服从的权威，妨碍他正确认识事物。

市场假象
语言作为人们日常交际中的通用货币，创造得并不准确精密。定义不准确、意义模糊的词，常常造成理解上的混乱。

剧场假象
我们对流传下来的诸多权威、教条，总会轻易相信和接受。就像人们沉浸其中观看表演时，会认为表演的内容是真实的。

认识论堪称近代哲学最重要的分支，可以说整个近代哲学都是围绕着理性主义和经验主义的论辩展开的。

如果我们倾向于将构成椅子的分子甚至更小的组成要素看作真实的，就意味着我们在运用理性去分析事物，这正是理性主义所持的观点；如果我们更相信自己直接感受到的感觉印象，我们便站在了经验主义这边。

欧洲大陆理性主义

受17世纪科学进步的影响，理性主义者凭借对人的理性能力的乐观态度，认为凡是能够用心智清晰地思考的，就是现实存在于心灵之外的世界中的。他们相信遵循适当的方法，就可以发现宇宙的本质。

1. 笛卡尔

作为理性主义的奠基者，笛卡尔的认识论总原则是"**普遍怀疑论**"。他运用怀疑的方法为建构我们的知识找到一个绝对可靠的出发点，宣称决不能接受我们能够对之抱有怀疑的任何东西。

笛卡尔说，"如果我有足够的幸运能找到哪怕一条确定的不可怀疑的真理"，那就足以推翻怀疑并建立起一种哲学来。最终，他正是在怀疑的行动中找到了它。即使怀疑一切都是幻觉或假象，也还是留下了一件我根本不可能怀疑的事情，这就是我存在。我通过"怀疑"这种完全是精神性的活动而肯定了我的存在，笛卡尔用这样一句话来表达："我思，故我在。"

2. 斯宾诺莎

斯宾诺莎区分了知识的三个层次，并描述了我们是如何从最熟悉的事物开始，通过对知识的提炼，从想象推进到推理，最后再推进到直观。

在**想象**的层次上，我们的观念是从感觉中发源的。这时，观念是非常具体而特殊的，同时也是模糊不清的和不充分的。心灵是被动的，因为我们只能凭事物影响感官的方式认识它们。

第二个层次超越想象而达到了**推理**，这就是科学的知识。在这一层次上，人的心灵可以超出具体的特殊物而处理抽象的观念，就像在数学和物理学中所做的那样。知识在这个层面上是充分的和真的。

第三个层次，也是最高的知识层次，即**直观**。在这个层次上，我们能够以新的方式理解我们在第一个层次上所遇到的那些特殊事物。在最初的层次上我们把它们看成彼此分离，而现在把它们看作整体的一部分。通过直观我们把握到了自然的整个体系，并看到了我们在其中的位置。

3. 莱布尼茨

莱布尼茨称自己的思想接近柏拉图，认为一切观念都是心灵内在所固有的，而不是从外面来的。他说，心灵是一块有纹路的大理石，观念是作为潜在能力而天然存在于我们心中的。因此，一切观念都可以说是天然存在的。

英国经验主义

英国经验主义对人类的理性能力提出批判性的质疑。他们倾向于根据大量事实的广泛观察，小心得出一个比较有限的结论。从经验出发，重视实验科学，按照"经验—观念—知识"的认识模式构建体系。

1. 洛克

洛克认为，知识是被限定在观念之上的——不是理性主义者的天赋观念，而是由我们所经验的对象产生出来的观念。不用假设天赋观念，我们就可以合理地解决认识的问题。

人类的一切知识来源于经验，人类的心灵就像一块"白板"，是无规定性的，只有通过经验，才能在这块"白板"上记下知识的符号。"能力是上天赋予的，知识是后得的"，人类具有接受感觉、形成观念和知识的天赋能力，由此就可以说明我们的认识方式和知识来源。

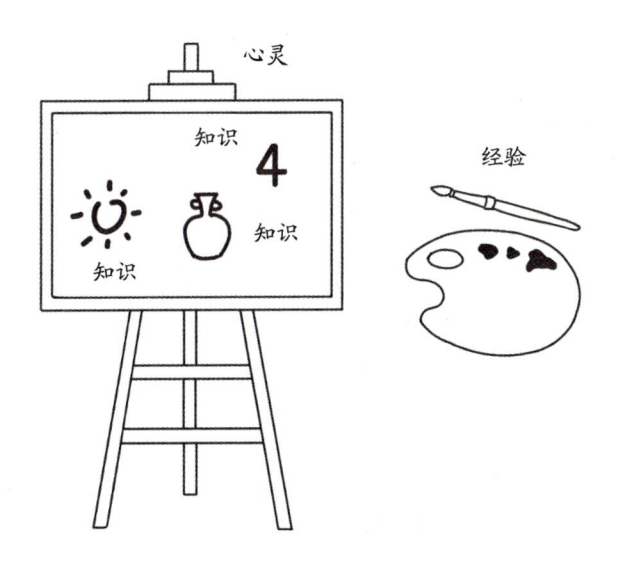

2. 贝克莱

贝克莱延伸了洛克的经验主义,他认为,知识中只有两个因素,即感知观念的心灵和被心灵感知的观念。物,只能是可感物,即观念的集合。因为世界上的事物是观念,所以心灵才能感知这个世界。

对于他最著名的理论"存在就是被感知",他的解释是:"这并不能说成是我取消了存在,我只是宣示了我所理解到的这个词的意义。"即,我们的经验就已经是世界本身。

3. 休谟

休谟对经验主义的极端化处理使他走向了不可知论,罗素称之为"英国经验主义的逻辑终局"。

休谟严谨地检验了人类的常识和基本概念,提出最具颠覆性的观点:对"因果律"的攻击。他认为,当我们谈论原因和结果时,是根据经验提供给我们的两种关系:两事物彼此接近;或某事物总在时间上先于另一事物。但无论接近也好,在先也好,都不包含对象之间的"必然"关联。原因和结果是人类自以为的关系,"因果律"并不一定成立,这只不过是人类的思维惯性或期待罢了,因此,我们实际没有掌握任何确定的知识。

三、认识的中心：主体还是客体？

尽管理性主义和经验主义的争辩持续了二百多年，但都是以作为客体的事物为中心，让人类运用感性或者理性能力去认识它们。康德说恰恰相反，作为主体的人类的认知能力才是中心，我们所看到的，只是外界事物反馈给我们的样子。

康德将人类认识世界的角度进行了转换，实现了对近代认识论的颠覆和超越，他将这一认识论上的改变称为"哥白尼革命"。

康德

当我们看到一把椅子，传统认识论认为，人是主动的，椅子是客观存在的，所以是"人看到了这把椅子"。但康德说，应该是"这个物体被我们感知到了，它又刚好符合我们思维里面椅子这个概念，所以我们认为自己看到了一把椅子"。

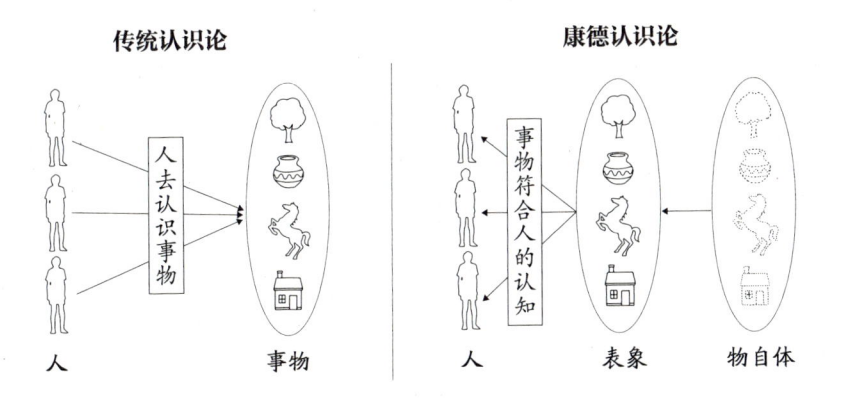

传统认识论

人 — 人去认识事物 → 事物

康德认识论

人 ← 事物符合人的认知 — 表象 ← 物自体

事物的概念是人类创造出来的，眼前的事物并非它本身，因为概念只适用于人类的认知。比如，人类看到了一把蓝色的椅子，但在其他动物（如蝙蝠和猫等对不同光波感受不一样的动物）看来，可能是其他颜色，甚至其他动物都没有"颜色"这个概念。

所以，在人类和真实世界之间，有一层"屏幕"。我们永远都戴着一副有色眼镜看世界，让我们无法真实地看到世界本身、事物本来的样子，即康德所说的"物自体"。他说：不是事物在影响人，而是人的思维在影响我们对事物的看法。是我们在思维中构造了一个自己认为的"现实世界"。我们其实根本不可能认识到事物的本质，我们只能认识事物的表象。

然而，这并不意味着人类的认识处于蒙蔽状态，在这场认知革命中，康德想要表达的论断是：人为自然界立法。他充分肯定了人的自由意志和理性，认为人类的道德法则不是来自上帝或自然，而是我们通过自己的理性自由决定的。

康德既承认了认识来源的客观性，又充分重视了人类主体的认识能力，开启了一种全新的哲学思维方式。这在认识论发展史上是巨大的进步，恢复了人在认识过程中的自主和能动地位。同时启发我们，对认识的思考，不仅在于解决上述问题，更重要的是，在其中探索人类在面对世界时的更大自由和更多可能。

术语对照表

（按文中出现先后顺序排列）

appearance	现象	phantasmagoria	幻觉效应
aware	觉知，意识	possibility	可能性，或然性
being	存在	primitive certainty	原始确定性
exist	存在	public object	公共客体
idealist	唯心主义者	systematic doubt	系统怀疑法
immediately	直接地	waking life	清醒生活
inconceivable	不可想象	aether	以太
matter	物质	apparent space	视见空间
nature	本性，性质	cause/causing	引发
object	客体	gross matter	厚重物质
physical object	物理客体，物体	mental	精神的
property	属性，特性	mind	心灵
real	实在地	motion	运动
reality	实在	perceive	感知，知觉
sensation	感觉	private	私人化的，私人的
sense	感官	shade	色度
sense-data	感觉材料	space of sight	视觉空间
think (thought)	思考	time duration	时间绵延
touch	触觉	visual space	视觉空间
belief	信念	acquaintance	亲知
correspond	相应，相符	chimaera	想象
hierarchy	层级体系	dismiss	摈弃
instinctive	本能的	falsehood	虚假陈述

169

英文	中文	英文	中文
idea	观念，理念	form	理型
idealism	唯心主义	have being	一直实在
mental act	精神行为	monad	单子
practical	实践的	monadism	单子论
schoolman	经院学者	monism	一元论
theoretical	理论的	mysticism	神秘主义
truth	真理	subsist	持续存在
unconscious	无意识的	collection	聚集
abstract idea	抽象观念	resemblance	相似
ambiguous	非限定	self-evident	自明的
bare self/selves	纯粹自我	similarity	相似性
conceiving	构思，观念	subsumption	包含
definite	限定	gradation	等级差序
description	描述，摹状词	image	映像
diversity	多样性	perceive	知觉，感知
entity	实体	coherence	一致性
particular	殊相	preliminary question	先决问题
self-consciousness	自我意识	criterion	标准
stage	层次	probable opinion	或然性的意见
unionist	统一党	absolute idea	绝对观念
universal	共相	absolute reality	绝对实在
coexistence	共存	antithesis	反题
deduction	演绎	criticism	批判主义
induction	归纳	hook	套钩
succession	演替	synthesis	综合
uniformity	齐一性	highest good	至善
a priori	先验地	not-self	非我
empiricist	经验主义	philosophic contemplation	哲学沉思
laws of contradiction	矛盾律	practical	实用性的
laws of excluded middle	排中律	self-assertion	自我独断
laws of thought	思维律		
laws of identity	同一律		
rationalist	理性主义		
real self	实在自我		
thing in itself	物自体		